遗响千年

手机扫一扫，看视频、听音频

视频

莫高窟

飞越敦煌

一事一生，一人一窟
赵声良

一事一生，一人一窟
苏伯民

一事一生，一人一窟
王惠民

一事一生，一人一窟
赵晓星

音频

《遗响千年》
全书朗读

2021年主题出版重点出版物

写给青少年的
敦煌故事

敦煌研究院 编　赵声良 主编

遗响千年

刘进宝 著

读者出版传媒股份有限公司
甘 肃 教 育 出 版 社

图书在版编目（CIP）数据

写给青少年的敦煌故事. 遗响千年 / 敦煌研究院编；赵声良主编；刘进宝著. -- 兰州：甘肃教育出版社，2021.12
ISBN 978-7-5423-5332-0

Ⅰ. ①写… Ⅱ. ①敦… ②赵… ③刘… Ⅲ. ①敦煌学—青少年读物 Ⅳ. ①K870.6-49

中国版本图书馆CIP数据核字（2021）第277041号

写给青少年的敦煌故事 遗响千年
敦煌研究院 编 赵声良 主编 刘进宝 著

策　　划 王光辉 薛英昭 孙宝岩
项目负责 伏文东 王露莹 何佩佩
责任编辑 董宏强
装帧设计 石 璞 雷们起 张小乐
视频支持 敦煌研究院 敦煌市融媒体中心
图片支持 敦煌研究院
音频支持 甘肃飞天电子音像出版社

出　版 甘肃教育出版社
社　址 兰州市读者大道568号 730030
网　址 www.gseph.cn E-mail gseph@duzhe.cn
电　话 0931-8436489（编辑部） 0931-8773056（发行部）
传　真 0931-8435009
淘宝官方旗舰店 http://shop111038270.taobao.com

发　行 甘肃教育出版社 印 刷 山东新华印务有限公司
开　本 787毫米×1092毫米 1/16 印 张 11.75 字 数 108.3千
版　次 2021年12月第1版
印　次 2021年12月第1次印刷
书　号 ISBN 978-7-5423-5332-0 定 价 58.00元

总序

敦煌石窟包括莫高窟、榆林窟、西千佛洞等，共800多个洞窟，其中有5万多平方米的壁画和2000多身彩塑。1900年在莫高窟的藏经洞出土了6万多件古代珍贵文献和艺术品。这些无限丰富的文物，构成了敦煌文化的主体。

那么敦煌文化到底有什么价值和意义呢？习近平总书记在敦煌研究院座谈时指出，敦煌文化是各种文明长期交流融汇的结晶。敦煌文化展示了中华民族的文化自信。

敦煌作为中国古代通向西域的重要门户，中华文明同来自古印度、古希腊、古波斯等不同国家和地区的思想、宗教、艺术、文化在这里汇聚交融。敦煌文化就是中外文化交流的结晶，它见证了中华民族和丝绸之路沿线的各国各民族共同推动人类文明向前发展的历史。敦煌文化还体现了中国文化的包容性，包括对宗教的包容、民族文化的包容、审美价值取向的包容。这种包容性使敦煌文化具有世界性。

100多年前，敦煌藏经洞文物流失海外，引起了各国学者对这些文献的研究，形成了世界性的学科——敦煌学。经过 100 多年的发展，今天，世界上已有 20 多个国家的学者在进行敦煌学和相关领域的研究，敦煌学成为中外学者相互交流的重要内容。我国的敦煌学研究曾经历了曲折的阶段，从最初“敦煌在中国，研究在国外”的状况发展到了今天学术研究走在世界前列。特别是改革开放以来，中国的学者对敦煌文化各个领域都进行了深入研究，推出了越来越多的研究成果，极大地促进了相关科研、教育及文化建设的发展。今天我们正处在中华文化振兴和繁荣的大时代，挖掘并传播弘扬优秀传统文化，是我们研究者义不容辞的责任。

文化是需要传承的。我们要将敦煌文化广为传播，让全社会都了解敦煌，并从敦煌文化中获得中华优秀传统文化的滋养，从而更好地弘扬传统文化，树立文化自信。青少年是祖国的未来，让我国的青少年从小就学习、了解敦煌文化的真髓，有利于他们正确把握我国优秀传统文化的精神。本套丛书就是希望通过青少年喜闻乐见的方式，以适合青少年年龄特征和阅读习惯的文字，深入浅出地把敦煌文化传递给他们。希望越来越多的青少年朋友们通过这套丛书了解敦煌文化、热爱敦煌文化，并从中获得丰富的知识和灵感，提高自身的文化艺术素养。

赵声良

2021 年 12 月

目录

世界的敦煌学

后 记

世界的敦煌学

1900年，敦煌藏经洞遗书的被发现，震动了国内外学术界，引起了国内外学者的关注与研究，从而在世界兴起了一门新学科——敦煌学。

所有的学科都一样，资料是研究的基础与前提，这正如陈寅恪先生在《陈垣敦煌劫余录序》中所指出："一时代之学术，必有其新材料与新问题，取用此材料以研求问题，则为此时代学术之新潮流。"对于敦煌学来说，这一点显得更为重要。

虽然敦煌文书发现于1900年，但敦煌学界一般都将1909年定为敦煌学之始，这主要是因为：第一，任何一门学问都要有一定的资料。敦煌文书虽然早就发现，但在1909年伯希和在北京展示之前，只有个别学人见到过个别文书。第二，要有一定的研究规模。1909年前，虽然叶昌炽等人曾对敦煌文书有所关注，但引起学界的重视及有规模的研究还是从1909年开始的。第三，对继续研究的引导。1909年伯希和与罗振玉等中国学者相遇后，罗振玉即根据从伯希和处抄录的资料进行刊布，最早的就是发表在清宣统元年九月二十五日（1909年11月7

日）出版的《东方杂志》第六卷第十期上的《敦煌石室书目及发见之原始》，紧接着在同年第六卷第十一、十二期上又发表了《莫高窟石室秘录》，这是国内所见第一批公开的敦煌文献。随后又有王仁俊的《敦煌石室真迹录》、罗振玉和蒋斧的《敦煌石室遗书》等第一批敦煌学研究著作的问世。

伯希和在北京时，接待的不仅是中国学者，当时在北京由日本人开办的文求堂书店的主人田中庆太郎也曾访问过伯希和，他在 1909 年 11 月 1 日出版的《燕尘》杂志上，以《敦煌石室中的典籍》为题介绍拜访伯希和的见闻，还全面介绍了罗振玉的《敦煌石室书目及发见之原始》一文。与此同时，罗振玉也将敦煌发现古代文书的信息，写信告诉了日本学者内藤湖南等人，从而引发了日本的敦煌热潮。

1909 年开始的敦煌研究，逐渐形成了一门国际性的学问——敦煌学。

敦煌学的含义非常广泛，但经过科学的归纳、分类，可以概括为以下几个方面：

第一，敦煌遗书。敦煌发现的遗书，总数达 5 万卷之多，其中绝大部分是写本。这些写本文献当然主要是用汉文书写的，但不仅仅是用汉文书写，还有用藏文、梵文、回鹘文、于阗文、龟兹文、突厥文、粟特文、西夏文、叙利亚文、八思巴文等文字抄写的。敦煌作为佛教寺院，文书的内容自然也以佛教文献为多，此外还有道教、祆教、摩尼教等宗教典籍，中国传统的经、史、子、集四部书，诗、词、曲、赋以及变文等通俗文学，图经、方志、医药、历书、社会经济资料等也是应有尽有。另外还有寺院的帐簿、契约、户籍、信札等经济历史资料。

敦煌遗书所反映的时代，主要是从魏晋到北宋初，而这一阶段的官府档案早已经不存在了，敦煌文书就成了留存下来的有关这一时期的唯一档案，而且都是出自当时人之手，没有经过后人的加工改造，是当时社会政治、经济、文化生活的原始记录，是研究这一阶段社会生活的真实资料，因此被称为“学术的海洋”，我国中古时期社会生活的“百科全书”。

第二，敦煌石窟艺术。我们所说的敦煌石窟，包括以莫高窟为主体的古敦煌郡境内的所有石窟，如莫高窟、榆林窟、西千佛洞、五个庙石窟等，共计有洞窟812个（其中莫高窟735个、榆林窟42个、西千佛洞22个、东千佛洞7个、五个庙石窟6个），壁画有五万多平方米。在这些大大小小的石窟中，以莫高窟的规模最大，内容最丰富。

这些石窟的时代上起十六国，下讫清代，绵延1600多年，其规模之大，乃举世无双。仅就壁画的内容而言，它描绘了我国各民族、各阶层的活动，如生产劳动、风俗礼仪、帝王将相、贵族妇女、商旅往来、使者朝会、民族关系、音乐舞蹈、衣冠服饰、天文地理、医疗卫生等等。因此法国人将敦煌壁画称为“墙壁上的图书馆”。

以上所述敦煌遗书和敦煌石窟艺术，是敦煌学研究最主要的内容。这两类宝藏加在一起，真可说是包罗万象、博大精深。内容如此丰富的敦煌文化并不是西来的，而是中国古老的传统文化在敦煌这个特殊的地理环境中与外来文化相结合的产物。据有关文献记载：莫高窟的创建者乐僔，是“西游至此（敦煌）”，就是说他是从东面的中原向西而达此地。随后的建窟者法良禅师也是“东来”的。

魏晋南北朝时，除了本土文化外，主要从西域接受了佛教文化，同时也从东面传来了中原和宋齐梁陈的写经。隋唐时期，主要从长安传来了大量写经、文献、诗词和画稿，另外敦煌文献中还有我国南方的文献和作者。晚唐五代宋初归义军政权时期，已形成了一个独立的"藩镇"，它有自己的政治、经济、军事、文化体系，而且主要还是本土产生的文化。

第三，敦煌学理论。敦煌学是一门发展中的学科，其理论建设还不够充分，仍在不断深化和探讨中。敦煌学理论主要包括敦煌学的概念、范围、特点、研究对象，敦煌学在学术研究上的价值，目前研究敦煌学的作用和意义，敦煌学史，等等。

第四，敦煌史地。这里所说的敦煌史地，就是指研究中古时代敦煌的历史和历史地理。因为敦煌艺术，乃是东传的佛教在一个具有成熟封建文化的地方的特有产物，也是民族传统文化受外来宗教刺激下出现的新形态。因此敦煌艺术的特点，就在于其地理条件的特殊，使它具有一个个性鲜明的差异。因此，作为敦煌学研究对象的敦煌史地，就是与敦煌艺术的产生、发展等有密切关系的敦煌历史和敦煌历史地理。另外还包括古敦煌郡境内的城址、关址、长城遗址、烽燧遗址、墓葬等，还有在此地发现的汉晋简牍等。

四海茫茫寻国宝

众所周知，敦煌文献从发现之始，就遭到了各国探险家的欺骗掠夺，绝大部分被劫往世界各地，目前被收藏在十几个国家的数十个博物馆、图书馆中。其中巴黎的法国国家图书馆、伦敦的英国国家图书馆、圣彼得堡的俄罗斯科学院东方文献研究所和北京的中国国家图书馆收藏的数量最多，所以巴黎、伦敦、圣彼得堡和北京被誉为敦煌文献收藏的四大中心。

同时，由于斯坦因、伯希和等捷足先登，把藏经洞整个翻了一遍，将完整的和重要的文献都劫走了，劫余部分才送到了北京，并且在运送途中和到北京后又一次遭到了国人的盗窃。因此，早期的敦煌学家，都是利用各种机会前往世界各国阅读、抄写、复制敦煌文献，如刘复、胡适、向达、王重民、于道泉、潘重规、姜亮夫、王庆菽，等等，都曾通过各种途径，赴海外搜寻国宝。

避难京都的敦煌学家

王国维和罗振玉可以说是中国学术史上非常奇特的两人，他们不仅学术兴趣、爱好相同，共同作出了许多贡献，而且个人关系还非常不一般，有一段时间还是儿女亲家。在京都期间，他们专心从事于包括敦煌文书在内的国学研究。1916 年，王国维先行回国，到上海出任英国人哈同所办《学术杂志》的编辑，主管《学术丛编》。1919 年春，罗振玉携家人离开日本来到上海嫁女，其三女罗孝纯嫁与王国维的长子王潜明，这样，罗、王两位学术上的挚友又成了儿女亲家。1926 年 9 月 26 日，王国维长子王潜明在上海病逝后，罗孝纯与婆婆关系不睦，罗振玉愤然携女返回天津（1924 年，冯玉祥占领北京后，将溥仪逐出故宫，第二年罗便陪同溥仪到达天津），罗王关系遂告破裂。

当劫余敦煌文献运到北京，中国的敦煌学研究方兴未艾，1911 年 10 月 10 日中国爆发了辛亥革命。当革命将清廷埋藏之时，对清廷忠贞不贰的罗振玉，就想找一个地方“洁身引退”。

恰在此时，日本西本愿寺门主大谷光瑞派来的一个僧侣来到了罗的门前，劝他去日本避难。由于罗振玉和大谷光瑞素不相识，对其邀请也感到十分惊诧，因此罗犹豫后并没有立即给予答复。紧接着（1911 年 10 月下旬至 11 月中上旬之间）京都大学的内藤湖南、狩野直喜和富冈谦藏等敦煌派诸教授联名邀请罗振玉至京都避难，并继续从事他的研究工作。收到内藤等人的邀请信后，罗振玉还是态度犹豫，但随着革命浪潮的迅速席卷全国，罗振玉看到清廷大势已去，便与王国维、刘大绅（刘鹗之子，罗振玉女婿。刘鹗，字铁云，也曾收集研究甲骨文，著有《铁云藏龟》，同时还写有小说《老残游记》）三家共

罗振玉（右）与王国维（1916 年春摄于日本京都净土寺町“永慕园”）

罗振玉 60 岁时像（1925 年）

20 多人从天津搭乘日本货船到神户，藤田丰八等日本学者在港口迎接。随后乘车前往京都，入住田中村。

罗振玉东渡日本，将其多年搜集的书籍古董几乎都带上了，暂且寄存在京都大学图书馆，其中图书就有 50 万册，另外还有许多甲骨、碑铭拓片和青铜器等文物。

罗振玉等在田中村住了一年，由于田中村的居所狭小，其寄存在京都大学的图书取读不便，尤其是当时国内秩序混乱，恐怕一时难以回国，因此，罗就与藤田剑峰商量，借他的名义在市内京都大学旁的净土寺町购地数百坪建设宅院。1913 年春，罗振玉寓所——“永慕园”落成，其中有一大而醒目的书屋——“大云书库”，这是因曾藏有北朝初年写本《大云无想经》而取为书库之名。

由于罗振玉带到日本的图书资料很多，基本上能够满足学术研究的需要，因此，到京都后，罗振玉、王国维在“大云书库”里，除了与京都大学的内藤湖南、狩野直喜等学者有文字交往外，主要从事于甲骨文、敦煌文献和简牍的整理研究。罗振玉和王国维的许多重要学术著作是在京都完成的，也正是在这个时候，形成了他们学术上的一个高峰。

1913 年，罗振玉将伯希和陆续寄他的 18 种敦煌文献照片经过悉心整理后，编成了其寓日期间的第一部敦煌学著作——《鸣沙石室佚书》。

斯坦因在新疆、敦煌所获的汉晋简牍交由巴黎法兰西学院的沙畹考释研究。1912 年罗振玉致函沙畹，希望能得到这批材料的影印件，1913 年冬，沙畹的著作已交付出版，就将其手头的稿本（即“手校之本”）寄给罗振玉。因该书系用西文撰写，经罗振玉之子罗福苌翻译后才能通读。罗振玉、王国维见后如获至宝，但经反复阅读，仍觉其中还有许多不尽如人意之处，他们两人便分工合作，将敦煌、罗布泊、尼雅等地发掘的简牍重新进行分类考释，于 1914 年出版了《流沙坠简》。

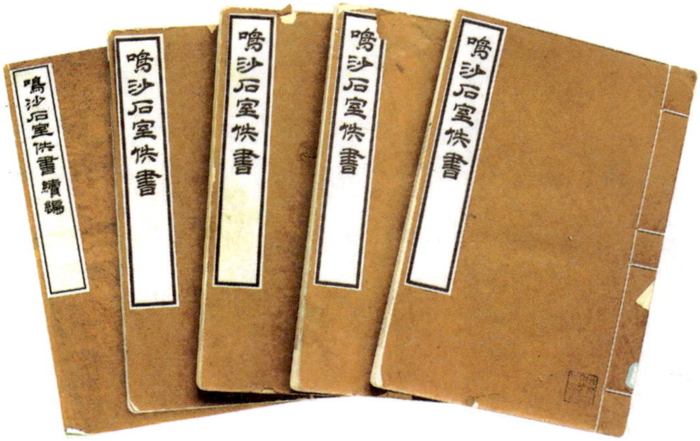

《鸣沙石室佚书》及《鸣沙石室佚书续编》

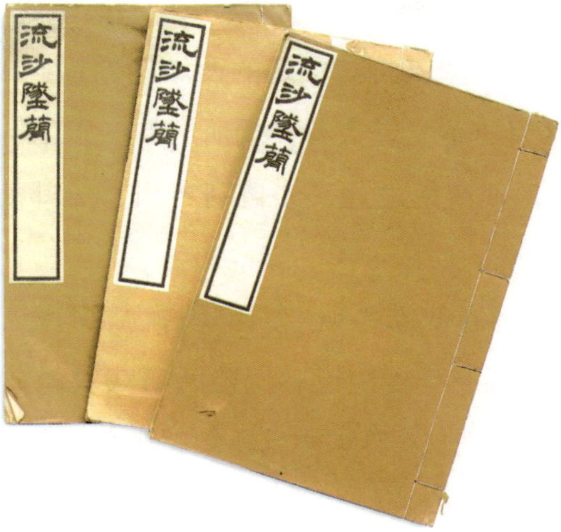

《流沙坠简》

《流沙坠简》是罗振玉、王国维合作的第一部大著作，也是我国学者整理研究汉晋简牍的开山之作，具有很高的学术价值。鲁迅在 1922 年所写《不懂的音译》中曾这样评价该书和王国维："中国有一部《流沙坠简》，印了将有十年了。要谈国学，那才可以算一种研究国学的书。开首有一篇长序，是王国维先生做的，要谈国学，他才可以算一个研究国学的人物。"（《鲁迅全集》第一卷第 398 页）平心而论，鲁迅一生所推崇的人和书不多，《流沙坠简》能够名列其中，自然是有原因的。

《流沙坠简》在署名问题上也很有意思。在本书的书名之下没有任何署名，而在书中的各个部分，则根据每人的工作各自署名，如第一册的第一部分《小学术数方技书》，是由罗振玉分类排列的，便署"罗振玉排类"；第二册第二部分是王国维逐条考释的《屯戍丛残》，就署名"王国维考释"。这种客观公平、各负其责的署名方式，也是值得我们今天借鉴学习的。

1914年2月，罗振玉将其收藏的西域和敦煌碑刻拓片15种编为《西陲石刻录》;8月，他又赴大谷光瑞所居的二乐庄，将大谷探险队所获高昌墓砖录文，不清楚之处又亲自到吉川小一郎处校录，编为《西陲石刻后录》。

同年，罗振玉还在武库参观了“西陲古物展览会”，并与橘瑞超相见。当罗振玉从橘瑞超处看到大谷探险队所获敦煌文书的目录后，立即借回参阅，并据此编成《日本橘氏敦煌将来藏经目录》刊布，使学界对其概貌有了较多的了解。

总之，罗振玉居日8年(1911—1919)，王国维居日5年(1911—1916)，其有关敦煌研究的论著，除以上介绍者外，还有《鸣沙石室佚书续编》《鸣沙石室古籍丛残》《高昌壁画菁华》等。他们不

1919年罗振玉返国前与日本友人合影(左起为长尾甲、犬养毅、罗振玉、富冈百炼、内藤湖南)

仅自己对敦煌文献进行深入研究，取得了一系列重要成果，而且还推动了日本的敦煌学发展，这正如石滨纯太郎 1925 年在一次演讲中所说:“最后，可算是中国敦煌派领袖人物的罗叔言（罗振玉，字叔言）和王静安（王国维，字静安）两先生流亡到日本来，诸位先生在同时蜂拥而上，又是写论文，又是著书，又是开展览会，甚嚣尘上，气势大振，敦煌派的势力确实也因此而兴盛到了极点。”

另外，值得一书的是，居日期间正是王国维学术转移的重要时期。王国维是中国近代著名的历史学家，他在甲骨文、金文、敦煌文献、先秦史、古代文学和西北史地方面都有举世公认的成就。他将近代西方的实证论思想方法与中国传统的乾嘉考据方法融会贯通，提出了著名的“二重证据法”，即“取地下之实物与纸上之遗文互证”。这种方法，不仅使他在中国古代历史的研究上取得了巨大的成就，而且对当时和后世学者的治学思路有着极大的示范作用，是中国历史研究走向近代化的重要标志，因而被郭沫若誉为中国“新史

1925 年的王国维，当时他刚担任清华研究院导师

学的开山”。

在日本期间，罗振玉“大云书库”中丰富的藏书，还有许多的甲骨文、金石拓片等，基本上能够满足王国维学术研究所需的材料。另外，他生活上有保障，无须为衣食所奔波，还能与罗振玉及一批日本学者相互切磋，取长补短。因此，王国维在日本短短的四年零三个月的时间中，学术上的进步日新月异，取得的成果也令世人瞩目。

还有一位董康先生，在避居日本期间也与敦煌文献甚有关系，不能不说。

董康，字授经，又字绶经、绶金，号诵芬室主人，生于清同治六年（1867 年），光绪进士。他是一位很特殊的人物，曾任法律馆提调、刑部主事、大理院推事。入民国后历任大理院院长、司法总长、财政总长等，晚年任上海法科大学、东吴大学法学院、北京大学教授，就是这样一个政治人物，却与敦煌文献有很密切的关系。

当年伯希和得到敦煌文书后，从其内心讲并不想很快让别人，尤其是中国人知道。最先得到这一消息的是两江总督端方，然后端方告诉了与其交往密切的董康，再由董康传播开来。1909 年到伯希和寓所观看敦煌文书、在六国饭店招待伯希和的宴会，董康都是积极的参与者。我国敦煌

董康

文献的第一部重要著作——罗振玉根据伯希和携至北京的部分敦煌文献所编《敦煌石室遗书》，就是 1909 年 12 月在董康的诵芬室刊行的。

当 1911 年辛亥革命爆发后，董康也与罗振玉、王国维一样避往日本京都，但不同的是，罗、王对清朝的灭亡有“失君之痛”，且生活安定又能坐拥“大云书库”，故能一住多年并安心学术。而董康只是避乱且生活无着，甚至于以出售自己所携藏书维持生活。因此董康于 1913 年 10 月即返回国内，很快就活跃于北京的政坛。

1922 年，董康辞去财政总长的职务后，率一实业考察团赴欧美考察。在巴黎，他又见到了十多年前见过的伯希和，并目睹了由伯希和劫往法国的敦煌文献。董康利用这一难得的机会，便埋首于巴黎图书馆中 30 天，抄录敦煌文书中有关法制方面的资料。随后，董康还前往伦敦，观看斯坦因劫往英国的敦煌文献，并幸运地抄到了《云谣集》等文学方面的珍贵资料。

1926 年底，作为上海法科大学校长的董康，由于被别人冒名发通电而遭孙传芳的通缉，便于 12 月 30 日化名前往日本避难。尽管是逃难，而且在 1927 年的元旦，他还在船上为“受政治之影响”而深感寂寞惆怅。但当天下午到达日本京都，其友人示以珍籍，并邀他“往读其中秘本”时，他又立即觉得“可谓不虚此行矣”。

董康这次在日四月（1927 年 1 月 1 日至 4 月 30 日），他往来于东京、京都之间，搜访古籍珍本，记其版式，存其题识，完成了以访书为主要内容的《书舶庸谭》。

本书记载了许多日本的敦煌学家，如内藤湖南、狩野直喜、羽田亨等等，董康与这些敦煌学者及其他学者有着广泛的联系与交流。

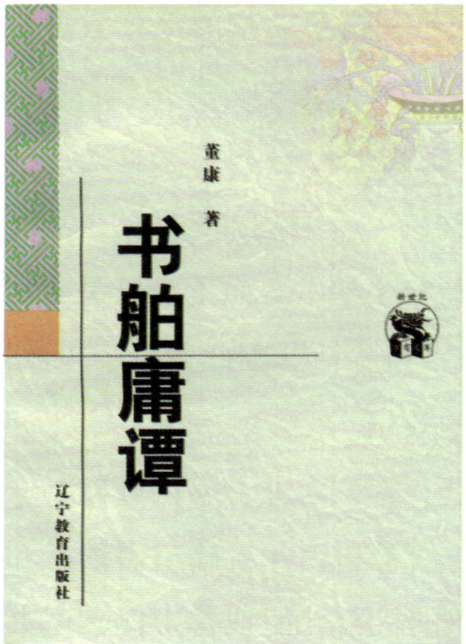

董康《书舶庸谭》

王重民（1936 年秋摄于巴黎法国国家图书馆敦煌写本书库）

《书舶庸谭》一书还记载了许多有关敦煌文献的信息，他见到了许多日本公私收藏的敦煌文书，还看到了一些日本学者从巴黎和伦敦拍摄的敦煌文献照片，抄录了许多流散到日本的敦煌文献，如《王绩集》《尔雅》《王梵志诗》《秦妇吟》《舜子变》《新修本草》《珠英集》《古文尚书》等等。内中还有日本学者赠送其羽田亨与伯希和合编之《敦煌遗书》影印及活字本各一册之事，从狩野直喜处借阅罗振玉《敦煌零拾》等。还记狩野“喜谈满清旧闻”，1900 年狩野正在北京留学，当义和团攻打使馆时，“日使署警卫不及廿，曾充兵役”等等。

巴黎图书馆中的王重民

王重民（1903—1975）先生，字有三，号冷庐。1929 年在北京高等师范学校（今北京师范大学）国文系毕业后，任教于河北大学，后出任北平图书馆编纂委员兼索引组组长。

1934—1939年奉派前往法国国家图书馆工作；1939—1947年应美国国会图书馆和普林斯顿大学葛斯德图书馆的邀请，在美国整理鉴定中国善本古籍。1947年2月回国后，任北平图书馆参考组主任、代理馆长。1949年任北京图书馆副馆长。1952年任北京大学教授、图书馆学系主任。

王重民先生能在敦煌学等方面取得突出的成就，与他的工作环境和工作性质有着非常密切的关系，可以说，他的工作环境和性质影响着他的学术成就，其中最关键的当是1934—1939年的巴黎之行。正如白化文先生在《冷庐文薮》序中所述："以敦煌学而言，1934年夏，王先生奉派去法国与英国工作，直至1939年欧战开始后撤离。这五年多时间里，大量地接触了伯希和与斯坦因盗去的遗书材料，所得甚丰，从材料搜集等方面奠定了以后研究的基础。这段时间，不但对王先生个人，即便对于国际和我国敦煌学界来说，都可说是一个高潮时期、黄金时代。"

谈到王重民先生的巴黎之行，不能不说到袁同礼先生。

袁同礼，字守和（1895—1965），祖籍河北，本人出生在北京。他是我国最早完整地受过图书馆学专业教育的人士之一。当他刚刚接触西学的时候，就遇到了美国传教士韦棣华女士（Mary Elizabeth Wood）在武汉创办文华大学"公书林"，发起中国现代图书馆运动，因受其影响，袁同礼就立志专攻图书目录学，并与图书馆事业结下了终身之缘。

袁同礼

袁同礼在1916年北大预科毕业后即在清华大学图书馆参考部工作，1920年赴美国哥伦比亚大学学习两年，获历史学学士后即转入纽约州立图书馆专科学校毕业，紧接着就赴欧考察各国图书馆和博物馆，并在伦敦历史研究院从事研究，1924年回国，任广东大学图书馆馆长，次年回到北京大学任图书馆馆长和目录学教授。

北京图书馆的前身是1926年由中华教育基金会建立的"北平北海图书馆"，当时的正副馆长是梁启超和李四光，袁为图书部主任。1929年正式创建"国立北平图书馆"时，蔡元培任馆长，袁为副馆长。梁、李、蔡诸位都是以名望而任此位，他们的主要职务都不在图书馆，因此，实际担当创业重任的自然就是袁同礼了。

在袁同礼先生任北平图书馆副馆长（馆长为蔡元培）并主持馆务时，他不仅要发挥一个图书馆的公共职能，而且还要将图书馆办成一个学术研究机构。为此目的，他网罗了一大批卓有成就的学者，如徐鸿宝（森玉）、叶渭清、向达、王重民、孙楷第、贺昌群、谢国祯、刘节、赵万里、谭其骧、王庸、于道泉先生等。这些学者都发挥各自的所长，撰写论文专著，出版中英文馆刊，不仅使北京图书馆一跃而成为世界有名的国家图书馆之一，而且还成为学术研究的重镇。

当时的北平图书馆和欧美各大图书馆都订有学术交流的协议，1934年，袁同礼先生就派王重民、向达先生赴法国、英国进行学术考察。在巴黎的一年多时间，王先生就写成《巴黎敦煌残卷叙录》，并在天津《大公报·图书副刊》陆续发表41篇。

王重民先生赴巴黎后，就将主要精力用于搜集、研究敦煌遗书，尤其难能可贵的是，在当时那样艰难困苦的条件下，他不仅阅读敦煌

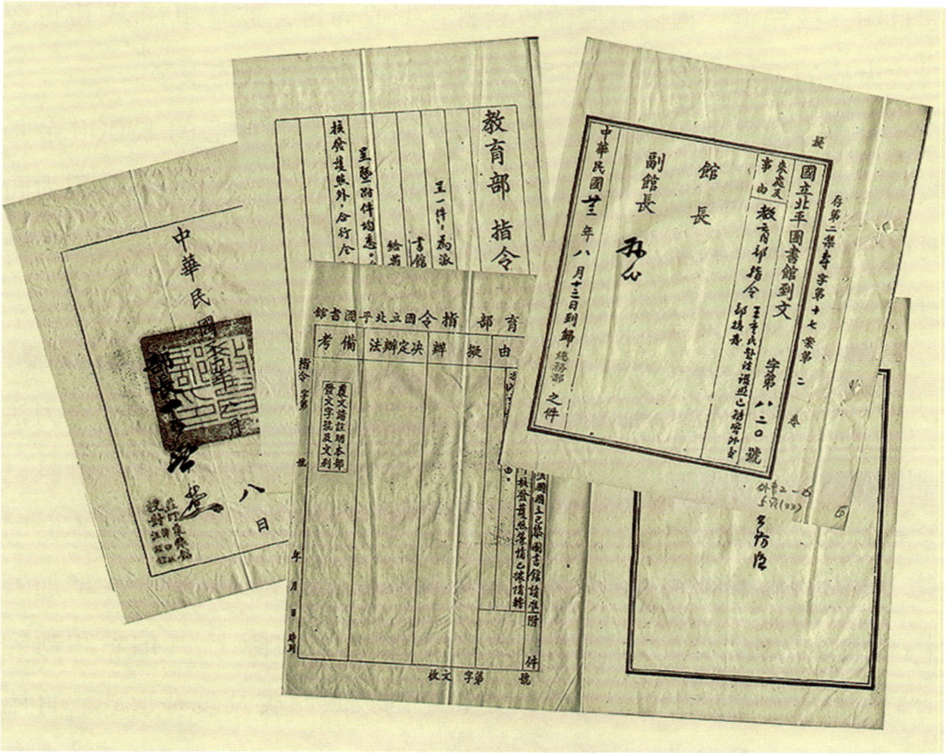

王重民赴法护照

卷子，而且还把伯希和劫去的卷子，选出较为重要的摄制成缩微胶卷，为我国的敦煌学研究提供了宝贵的第一手材料。

王重民先生拍摄的这些照片目录，袁同礼先生在 1940 年曾以《国立北平图书馆现藏海外敦煌遗籍照片总目》为题，在《国学季刊》新二卷第四期上发表过一部分，刊布了 402 种。袁同礼先生还在文后特别写明了目录不全的原因:“摄取伯希和、斯坦因二氏携去敦煌古经影片，随摄随寄。迨卢沟桥变起，遂将继续所摄者，暂存巴黎东方语言学校，旋又在欧战爆发前，运往美国国会图书馆寄存。总数约在万片，正在编目中。兹先将卢沟桥事变前收到者，编成简目，披露如右。”可见在二次大战的艰难困境中，得到并保存这些照片是多么的艰辛。

目前存放在中国国家图书馆敦煌吐鲁番学资料中心的13000余张敦煌遗书照片，其主体部分就是王重民先生当年在巴黎拍摄的，因为同时期的向达先生，在伦敦博物馆检阅敦煌遗书时，由于受到小翟理斯的刁难，看到的卷子比较少，一共大约才500卷，拍摄成照片的更少。

王重民先生在巴黎的另一项成就，就是编写了《伯希和劫经录》，它是王先生代伯希和所编的法藏敦煌汉文写卷的“注记目录”。因为法国的伯希和先编了一个目录，这是一个“财产账”式的登录号，并且已经登录上架，形成定局，如果打乱了重新编写，原主管者大概不会同意。所以，王重民先生的工作，也就是在原来的目录基础上，增加若干注释性质的记录，即为原卷定名、写注记。实际上，《伯希和劫经录》的最大贡献就在注记方面，如卷子的大致归类及现存形式、首尾题记的抄录、对卷子内容的提示等等。另外，用V指卷子背面，也是王先生推广使用的。原来在法文登录中，是用V（Verso，背面）下另作一条附录记录的，注记方式与正面的相同。王先生则采用在卷内加V的方式处理。这一注记方式，为以后的敦煌文献编目和研究者完全采纳。

正是由于王重民先生在编写《伯希和劫经录》时有此局限，因此王先生就把经卷中的某些内容记录下来，再加上自己的心得体会，写成专文后寄回国内发表，这样就与广大的学术界共享了学术资源。其中的一部分就成了后来出版的《敦煌古籍叙录》的主要内容。

另外，1935年，王先生利用休假的机会，在柏林普鲁士图书馆看书，搜集了许多资料，写成《柏林访书记》《金山国坠事零拾》《敦煌本历日研究》等论著；1938 年，受中华教育文化基金会的资助，王重民与向达先生一同赴英国伦敦，阅读英国图书馆所藏的敦煌卷子，后来写成了《伦敦所见敦煌卷子群书叙录》。

正是由于 20 世纪 30 年代的欧洲之行，奠定了王重民先生敦煌学研究的基础，从而使王先生成为我国第二代敦煌学的代表人物之一。其敦煌学方面的著作有《敦煌曲子词集》《敦煌古籍叙录》《敦煌遗书论文集》等，并合著有《敦煌变文集》《敦煌遗书总目索引》等。

王重民先生于 1975 年 4 月 16 日被迫害自杀，其有关敦煌学的许多手稿都有待整理。如关于 P.2555 号"敦煌唐人诗集残卷"的整理出版就很费周折。1973 年，于道泉先生带王尧去见王重民先生时，王重民就将其在巴黎抄录的有关唐与吐蕃关系的敦煌文书交给了王尧。1976 年"四人帮"被粉碎后不久，在文物出版社《文物》编辑部帮忙的白化文、沈玉成，为了有关敦煌藏文卷子的问题，去中央民族学院见王尧教授。王尧主动出示了王重民先生的一篇稿子，其中第一部分就是王先生当年在巴黎抄录的 P.2555 号卷子中两位作者的诗作 72 首，第二部分是有关考释。此稿已经有几位学者看过并提出了意见，其中也包括王尧教授的贡献。当时《文物》编辑部正准备编《文物资料丛刊》，王尧教授就推荐此稿，白化文与沈玉成先生就将此稿带回并向编辑部推荐。当编辑部准备刊载此稿后，就多次向王先生的原工作单位——北京大学有关部门征求能否发表署名稿的意见，但一直得不到答复。由于当时军宣队还在北大掌权，王重民先生还未获平反。在不得已的情况下，编辑部遂采取了特殊的处理：将录文部分经过整理后，

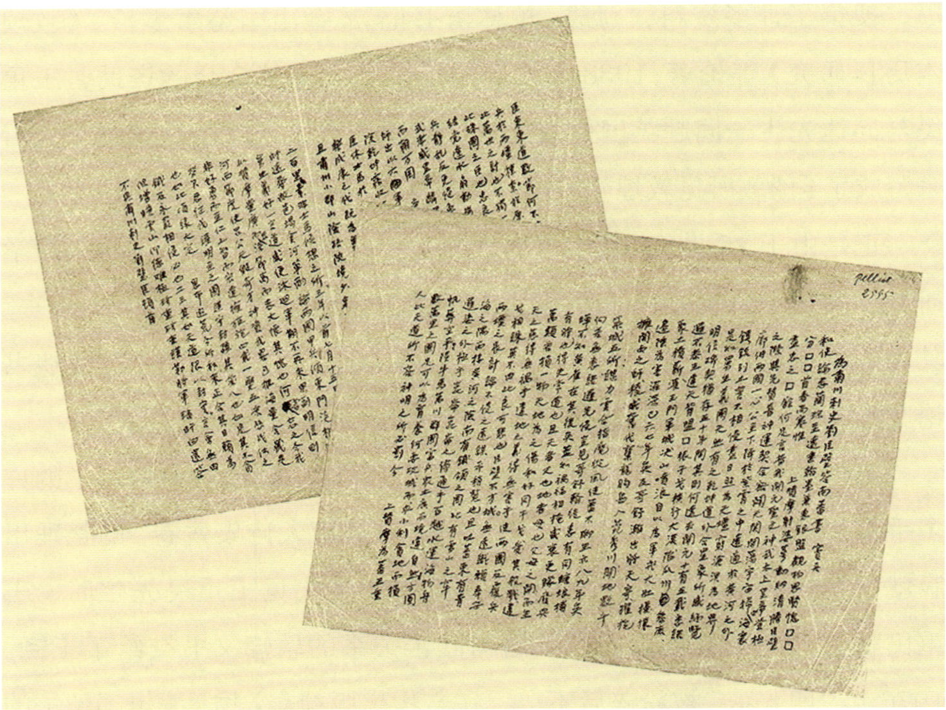

王重民先生手抄伯希和 2555 号“为肃州刺史刘臣璧答南蕃书”

发表于 1977 年出版的《文物资料丛刊》第一辑；考释部分因各种因素，如署名难办、不合《文物资料丛刊》的体例等不好发表，就由白化文先生将其精粹也就是结论部分改写为“前言”。这里既不能埋没王重民先生的业绩，又要避免因出现“王重民”而不能出版，白化文先生就提出在“前言”中用王先生的字“有三”来代替。“前言”中说：

这些诗虽算不得文学上的好作品，内容上也有一些糟粕，但在历史上是很可宝贵的纪行诗，也是研究这段历史的有用的参考材料。解放前，王有三先生曾从巴黎图书馆将这一残

卷全文录出，以后又作过整理加工，惜未最后完稿。现在我们在王先生原来录文的基础上，又据北京图书馆所藏照片作了一次校对整理，在这里发表，供有关研究工作者参考。

文章定名为《敦煌唐人诗集残卷》，作者署名为“舒学”。这里的“舒学”是一笔名，是取了“初学”的谐音。按照当时编辑部的惯例，凡发表经编辑人员大修大改的文章时，在征求作者同意的前提下，可以用编辑部自定的某一笔名。某一编辑或编辑组人员经常固定使用一个乃至几个笔名，内部人员一看就知道是谁，这样既有利于联系，也便于分清责任。因此，“舒学”与其说是笔名，不如说是一个代号。“舒学”代号的出现与白化文、沈玉成、王尧等先生有关，但又不是他们中哪一个人的笔名。

王重民先生去世后，除整理出版了《敦煌遗书论文集》《冷庐文薮》《中国目录学史论丛》《中国善本书提要》外，还有许多手稿资料，其中有关敦煌学方面的资料，受刘修业先生的委托，柴剑虹先生于1984年2月上旬带到敦煌，赠送给敦煌文物研究所。2月11日，敦煌文物研究所隆重举行了王重民先生敦煌研究资料的交接仪式。段文杰所长由于夫人去世办丧事未能出席外，研究所的其他领导与一些老同志都参加了这个仪式。

这些资料中，既有王重民先生亲笔做的伯希和劫经录卡片2700余张、敦煌写本分类卡片近2000张，也有王先生与刘修业先生抄录整理的敦煌写卷录文50多种，王先生的《敦煌古籍叙录》和《补全唐诗》的原稿，还有王先生与姜亮夫先生的通信及马叙伦、张政烺、孙

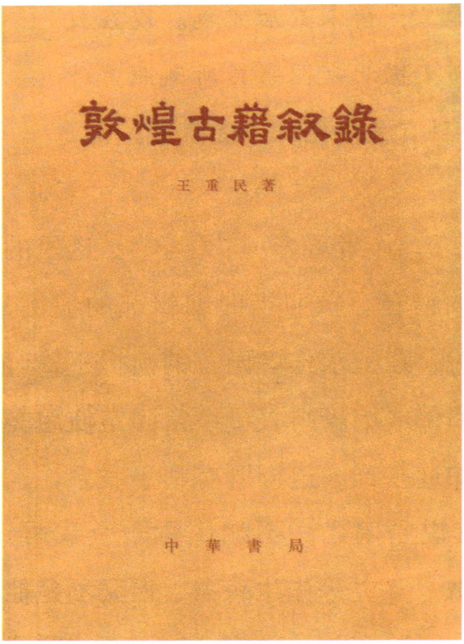

《敦煌古籍叙录》

《敦煌遗书总目索引》

楷第等先生的文章等。

敦煌研究院将此列入科研计划，由李永宁先生负责整理。2014 年 8 月，在敦煌研究院成立七十周年之际，敦煌研究院敦煌学信息中心编印了李永宁先生整理的《王重民敦煌遗书手抄稿及卡片整理》。

除了在巴黎的敦煌学研究外，王重民先生在美国保存中国善本书的行动，也值得一记。1939 年，应华盛顿国会图书馆远东部主任的邀请，王重民先生赴美国鉴定其所收藏的中国善本书。在美期间，王重民先生曾想回国参加抗日战争，后在袁同礼先生的劝说下，他便留在美国从事中国善本书的著录工作，撰写了 1600 多篇提要，取名《美国国会图书馆所藏善本书录》。

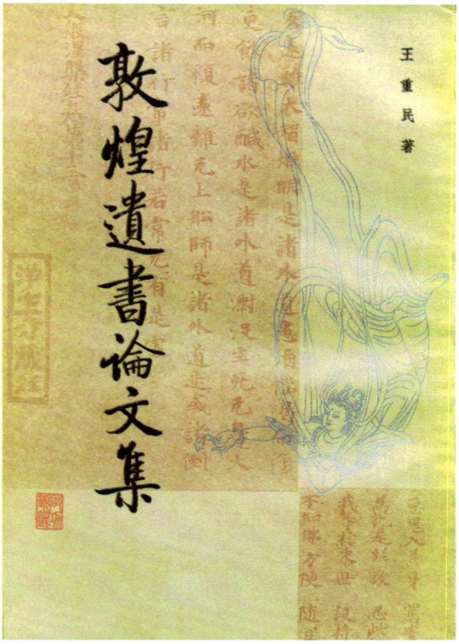

《敦煌遗书论文集》

王重民先生参与北图善本书的保存，也是值得一提的。北图成立之始所继承的古物来源依次上溯为：京师图书馆（北洋政府）—内阁大库（清）—文渊阁（明），实际上是宋、金、元、明、清所遗中国古籍之精华。“九一八”事变后，蒋介石政府决定将故宫国宝南迁，其中也包括北图的一部分藏书，分别寄放在上海的租界和南京，这样就有了北图非正式的上海分馆和南京分馆。卢沟桥事变后，袁同礼率北图随北大、清华等校南迁，而派其助手钱存训到上海主持分馆业务。上海沦陷后，袁同礼即与当时的驻美大使胡适取得美国政府和国会图书馆的同意，将一批善本书运往美国保管，并说好待和平恢复后即物归原主。

为此，袁先生于1940年冒险从内地秘密到沪，王重民先生也从美国返上海，他们从北平图书馆存放在上海的300箱善本书中，选出了2720种约3万册，装为102箱，并作了防水处理。当时上海海关已为日军占领，检查非常严，好几种运送方案都无法行得通。最后，通过钱存训夫人的间接关系，由一位在海关负责检查的张先生帮忙，在他值夜班时秘密运送，交一张假的发货单，由他签字放行。这102

箱书共分 10 批交运，最后一批是 1941 年 12 月 5 日。两天后珍珠港事件爆发，日军立即进占了租界。秘密运往美国的这批善本书，藏于美国国会图书馆远东部。后于 1965 年由美国运往台湾，现存于台湾“中央图书馆”。

后来，具有远见卓识的袁同礼馆长，为了保存北图的善本书，就想将存放在美国的这 102 箱的善本书拍摄成缩微胶卷。这一意愿得到了美方的同意，于是双方达成协议：由美国提供资金和技术，中国方面由王重民先生负责，撰写提要。这一工作费时四五年。

在抗日战争的艰难环境中，王重民先生除协助有关方面将此 100 余箱珍贵图书转移到美国保管，并制成缩微胶卷加以保存外，还撰写了提要，为保存中国的文化典籍作出了贡献。

敦煌藏学研究的开拓者——于道泉

敦煌文献中约有七八千卷的古藏文文书，绝大多数都被窃运海外，分别收藏在巴黎的法国国家图书馆和伦敦的印度事务部图书馆，其中法国国家图书馆中就藏有 3358 号。

所谓敦煌古藏文文献，就是指吐蕃时期的藏文文献。藏族原无文字，松赞干布曾派屯米桑布扎赴天竺学习梵文和佛法，他学成返回吐蕃后，就依据梵文创立了藏文。吐蕃灭亡以后，其经籍文献全部被毁，现在所见大多是宋元以后集结起来的。敦煌藏经洞发现的古藏文文献，是藏民族最早的文字记录，它对于全面了解西藏历史，诠释藏族文化，认识藏汉文化的双向交流，具有举足轻重的意义。

20 世纪 30 年代初，于道泉先生就致力于藏学研究，在巴黎大学

于道泉 1982 年留影

师从巴考教授，考察这些古藏文文书。今天，当我国学者与世界有关国家的图书馆、研究机构合作，编辑出版敦煌藏文文献时，我们更加怀念为此作出巨大贡献的于道泉先生。

于道泉（1901—1992）教授是山东临淄人，青少年时期就学于山东济南，1920年考入当时的齐鲁大学（今山东大学前身），在社会学系专修社会学和西洋史，同时旁听数学等课程。当时齐鲁大学的社会学系是我国最早设立的社会学系之一。该系只有二十来个学生，所有课程全系美国教师担任，用英语讲授。班里英语水平较高，能完全听懂所授内容的学生只有四五个，年轻的于道泉就是其中之一。

于道泉走上藏学之路，其转折点是泰戈尔访华。1924 年，印度诗人泰戈尔访问中国，在从南京去北京时路经济南。当时，年轻的于道泉怀着崇敬的心情前往火车站欢迎这位诺贝尔奖获得者。在去车站的路上，济南各中学的校长推他为泰戈尔一行的英语翻译，由他带着印度客人观光济南。当参观到济南佛经流通处时，泰戈尔发现这位年仅二十来岁的青年不但会说一口流利的英语，而且还能认识梵文，并对佛经也有一定的了解，这使泰戈尔非常惊讶，就对于道泉说:“你是我们来中国见到的第一个对印度语言和文化发生兴趣的人。”并建议于道泉去北京，由他们向中国政府推荐到泰戈尔自己创建的印度国际大学去留学。当时，于道泉已经考取了山东官费留美生，但他为了学习梵文，从事佛经研究，毅然放弃了这个留美的机会，而决定随泰戈尔去北京，准备到印度国际大学深造。由于当时军阀混战，泰戈尔向北京大学提出交换二三十名留学生的建议没有得到采纳。于道泉来到北京后，没有实现留印的愿望。泰戈尔在离京前，就把时任北京大学梵文教授的钢和泰教授介绍给于道泉，并对他说："这位爵士可以教你梵文、藏文，可以满足你探索生命秘密的要求。"于是他就学于北京大学，跟随钢和泰教授，并住在他家，一面学习梵文和藏文，一面研究佛经，同时还担任钢和泰的课堂英语翻译。

"钢和泰"这一姓名的原文是 Alexander von stael-Holstein，"钢"是 stael 的意译，"和泰"则是 Holstein 的音译。他 1877 年 1 月 1 日出生在当时隶属于沙皇帝俄的爱沙尼亚专区，家庭是世袭的贵族——男爵，因此，他自幼就受到了良好的教育。后来，钢和泰到了德国，在柏林大学和其他学校学习梵文和东方学。20 世纪初，钢和泰在德国学成返回俄国后，即受到了当时俄国著名东方学家谢尔巴茨科依和鄂登堡的器重，并曾问学于鄂登堡。

由于钢和泰曾去过印度进行学术考察，增加了对中国唐代高僧玄奘的兴趣。1916 年，他途经西伯利亚来到北京，一方面搜集有关玄奘的资料，另一方面还查阅蒙文和藏文的资料，因为当时的北京是中国文化和学术的中心。1917 年俄国爆发了革命，因为钢和泰是贵族，就没有返回俄国的可能了，而他的经济来源也随之中断。经当时英国驻西伯利亚高级专员义理和的推荐，北大校长胡适就聘请钢和泰在北大任教，讲授梵文、藏文和印度古代宗教史。其间除 1928—1929 年到美国哈佛大学做访问学者外，一直在北大授课与研究，直到 1937 年初

1924 年泰戈尔（中）访华时，于道泉（第二排左一）任翻译

去世。当 1924 年于道泉到北京时，钢和泰正在北大任教，这样就有了向钢和泰学习梵文的机会。

从那个时候起，于道泉先生对藏文发生了极大的兴趣。为了进一步掌握藏语言，来京一年以后，他设法认识了雍和宫的几位藏族喇嘛，住进了雍和宫。在那里，经过两年的刻苦学习，他不仅完全掌握了藏语言，而且还向寺里的蒙古族喇嘛学会了蒙古文。季羡林先生在《平凡而伟大的学者——于道泉》中写道:“他曾经为了学习西藏文和蒙古文，干脆搬进了雍和宫，同蒙藏喇嘛住在一起，因此得绰号‘于喇嘛’。”

就在钢和泰在北京大学授课的时候，陈寅恪先生从德国学成归国后任清华国学研究院的导师。由于陈寅恪与钢和泰都学习梵文，并都有在德国长期学习的背景，在治学上都具有彻底性和缜密性的特点，因此，在陈寅恪回国后的四五年内，几乎每周都要与钢和泰共同探讨梵学一次。正是这种机缘，陈寅恪就认识了于道泉，同时也鼓励于道泉学好藏、梵两种文字。

1927 年，经袁同礼先生推荐，于道泉来到当时的北海图书馆担任满蒙藏文书的采访编目工作，同时还给中央研究院历史语言研究所历史组组长陈寅恪先生做助理研究员。当时于道泉的待遇比较低，看到生活颇为困苦却毫无怨言仍孜孜治学的于道泉，陈寅恪心为所动，曾三次向傅斯年推荐于道泉。他说“于君甚精藏语，又兼治蒙文，实不可多得之人才。现在北海图书馆，月仅三十元，甚不敷用;前年弟每月借钱与之，他时历史语言所北平分所中似可以用，此人断不至为羊公不舞之鹤，请放心用”。“羊公不舞之鹤”，取“羊叔子有鹤善舞，尝向客称之，客试使驱来，不肯舞”的典故。

正是由于陈寅恪的推荐，1928 年，于道泉到新成立的中央研究院历史语言研究所历史组担任助理研究员的职务，同时继续兼任北海图书馆的工作。1930 年他发表了《第六代达赖喇嘛仓央嘉措情歌》一书，作为国立中央研究院历史语言研究所单刊甲种之五。该书出版以后，在国际藏学界引起了很大的反响。书中不仅附以汉英两种文字的情歌译词和注释，而且还有著名语言学家赵元任先生为歌词所配的藏语拉萨话记音。

1934 年，他被中央研究院派往法国留学，到巴黎大学攻读藏文和土耳其语。同时兼为北图与国外交换资料，与袁同礼馆长书信往返，为北图带回许多敦煌藏文卷子胶片。两年以后，他去德国进行考察，并在那儿很快学会德语。

1938 年，他由德国藏学家西门华德（Simon Walter）介绍到英国伦敦东方非洲研究院执教，在那里，他先后给该院的高级讲师、研究生和大学生讲授过藏语、蒙古语、汉语等语言课程，历时十年。

1949 年中华人民共和国诞生后，于道泉回到祖国，就任北京大学

于道泉在巴黎大学文学院留学时的学生证

1939—1945 年间摄于英国，于道泉时在伦敦大学任教

东方语文系藏学教授。不久，调至中央民族学院少数民族语文系任教，直到 1992 年去世。

中华人民共和国成立后的 40 多年，于道泉先生在藏学方面的贡献主要是：

第一，为藏文和拉萨话方言制定了一整套具有较高学术水平的拉丁转写和拉丁注音符号系统。在 1951 年的第一期藏语班的教学中，他充分利用了 26 个拉丁字母，没有任何附加符号，从而给藏文转写和注音的打字、排版印刷以及现代的电子计算机文字信息处理等方面，带来了极大的方便。

第二，筹办中央人民广播电台藏语广播。胡乔木是我国第一任新闻出版署署长，他在担任署长初，就听说了于道泉先生的轶闻故事，也知道他通晓多种语言，而且还是留学欧洲多年的专家，因此，就将筹办藏语广播的工作交给了于道泉，请他协助中央人民广播电台设立藏语翻译和播音小组。于道泉从 1950 年 4 月 10 日开始筹办，经过努力，中央人民广播电台于5月22日晚上正式播音。

第三，编纂《藏汉对照拉萨口语词典》。1951年于道泉到中央民族学院后，即担任了藏语专业的教研组组长。他在组内建立了字典编写小组，开始了主编《藏汉对照拉萨口语词典》的工作。这部词典收集了二万九千多条藏语拉萨口语词汇，逐条加以拉萨话注音。这对藏语方言、藏语口语、藏语历史比较等方面的研究提供了宝贵的资料，从而填补了藏学教学和研究的一个空白。

潘重规与《列宁格勒十日记》

1973年，当中国大陆正处在“文化大革命”时期，敦煌学家或被批斗，或蹲“牛棚”，敦煌学研究已经停顿之时，却有一位中国的敦煌学家，只身前往苏联列宁格勒，阅读收藏在列宁格勒东方学研究所的敦煌文献，他，就是国际著名的敦煌学家、当时任职于香港中文大学新亚书院的潘重规先生。

潘重规先生，安徽省婺源县人，1908年生。本名崇奎，小名梦祥。章太炎先生为之易名为重规，黄季刚先生因易其字为袭善，先生本人则自号为石禅。1924年入国立东南大学（后改名中央大学）中文系，从黄季刚先生受业。中央大学中文系毕业后，曾先后担任国立东北大学教授，国立四川大学中文系教授兼系主任。抗战胜利后，任国立暨南大学教授、国立安徽大学教授兼主任，国立台湾师范大学国文系主任兼研究所所长，新加坡南洋大学中文系教授，香港中文大学新亚书院中文系主任兼文学院院长。1973年，自中文大学退休，应聘为法国巴黎第三大学博士班客座教授，次年返台，先后担任中国文化大学中文研究所主任兼文学院院长，东吴大学讲座教授，台湾师范大学、中国文化大学兼任教授。2003 年 4 月在台北去世，享年 97 岁。

潘重规（1908—2003）

潘重规先生赴列宁格勒阅读敦煌文献，既是偶然的，又是必然的。说是必然，那是因为潘先生早就致力于敦煌学研究，到 1973 年时，已出版了《唐写文心雕龙残本合校》《敦煌诗经卷子研究论文集》《瀛涯敦煌韵书新编》和《瀛涯敦煌韵辑别录》等敦煌学著作，并发表了十多篇敦煌学方面的论文。

偶然的是，潘重规和苏联的孟列夫先生兴趣一致，他们既喜好和研究《红楼梦》，又对敦煌文献情有独钟。因此，孟列夫看到潘先生研究敦煌文献和红楼梦的论文时，颇有同调之感；因此写信欢迎潘先生到列宁格勒参观他研究的资料。

正因为以前曾有孟列夫的邀请，1973 年 8 月，潘重规先生在巴黎参加第 29 届国际东方学家大会后，即赴列宁格勒阅读敦煌文献。据潘重规先生《列宁格勒十日记》载：当“我在东方学会闭幕之后，写信给他，告诉将乘八月八日班机飞列宁格勒，临到起飞前夕，没有得到一字回音。巴黎到列城，只需四小时航程，去信二星期，竟然杳无消息，不能不绕室彷徨。许多可能的坏结果，不断的在脑海冲击。我茫然、怅然，最后抱着不顾一切的决心闯向前去。这是我启程前夕时的心情”。

俄藏敦煌文献是最具神秘感的收藏品。孟列夫教授在《俄藏敦煌文献》“前言”说：1929 年前称为亚洲博物馆的现俄罗斯科学院东方研究所圣彼得堡分所敦煌藏品，绝大部分是奥登堡院士率领的俄国西域考察团 1914—1915 年间所搜集的写卷。还有一部分同类型汉文写卷，则分别是当时俄国驻乌鲁木齐领事克罗特科夫、1906—1909 年间前往和阗的马洛夫考察团以及 1909—1910 年间前往吐鲁番的奥登堡考察团所搜集。就总体而言，所有这些文献，我们将它们都称之为敦煌藏卷。

奥登堡考察团于 1914 年 8 月赴敦煌，到 1915 年 1 月考察工作因第一次世界大战爆发而被迫结束，但是考察工作却给人留下深刻的印象……奥登堡深入到当地居民之中寻觅写卷，最终搜集到三百五十件。此外，还在石窟底部沙土之中，发掘出大量残卷。目前，这些卷子经过沃尔科娃、丘古耶夫斯基和诺索娃等完整的登记编目后，已达一万八千余件。

俄藏敦煌文献中有一些黑水城和吐鲁番的资料，对此，孟列夫曾对潘先生说明了原因：“当初黑水城资料用箱装好，存入书库时，偶有从箱里跌出，管理人员没注意，大约有二十件放置在敦煌抄本中。以前我编的两册敦煌目录，其中掺杂有少数黑水城资料，未曾剔除。但在索引中注明哈拉火陀的，即是黑水城资料。现在我已将黑水城资料全部分辨清楚，编成完整的目录。”

可以说，在20世纪60年代以前，苏联已开始了有计划的敦煌学研究，但看过苏藏敦煌文献的外国人很少，了解其详情者更没有。1960年，在莫斯科举行第25届国际东方学家大会期间，苏联才宣布了其拥有敦煌文献的消息，并由列宁格勒分所陈列了敦煌文书若干件，供与会各国学者参观。个别学者也曾到列宁格勒观看敦煌文献，当时的情景，正如法国学者戴密微在《列宁格勒所藏敦煌汉文写本简介》中所说："1960年8月14日，来自欧亚大陆两端的两位多年研究敦煌写本的汉学家，一个日本人，一个法国人，共同登上位于涅瓦河畔豪华建筑台阶的巨大楼梯。苏联科学院亚洲民族研究所（前东方学研究所）就设在那里。当他们在一张桌子上发现了一大堆特意为他们准备的敦煌写本时，显得多么惊讶而不知所措啊！因为他们不仅根本就不知道此处还存在有这类写本，而且半个多世纪以来，所有的汉学家们实际上都对这批写本一无所知。"一个日本人就是藤枝晃，一个法国人就是戴密微自己。此后，关于苏藏敦煌文献的消息逐渐为国际学术界所知，再加上1963年和1967年，苏联出版了孟列夫主编的两册目录，苏藏敦煌文献的真相也就被揭开了。潘重规先生正是在这种背景下去苏联阅读敦煌文献的。

8月8日，潘先生从巴黎出发到达列宁格勒。第二天，即8月9日上午，潘先生拿着一份地图，从旅馆找到东方研究所。"才知道孟西科夫（即孟列夫）教授本星期刚刚离开列城去度假。我虽然失望，但在巴黎旅馆斗室中彷徨的时候，早有许多不佳的预感，这只是不佳的预感中的一种罢了。……好不容易，才请到东方院一位秘书。据说：东方院的敦煌卷子和红楼梦抄本必须通过孟希科夫教授才能看到，终于他介绍一位所果洛夫教授，设法和孟希科夫教授联络。并约我明日中午再到东方院和所果洛夫教授见面。”

8 月 10 日中午，潘先生到东方所见到左义林女士时，“才知道孟希科夫教授没有接到我巴黎的来信，以为我在东方学会会议完毕后，打消了访苏之行，所以他离开东方院度假去了”。后在左义林女士的努力下，找到了孟列夫教授，下午六点多，孟列夫教授赶回列宁格勒后，“便赶来旅馆和我见面。我本来以为他可能年纪相当大，但出现在我面前的竟是一位英俊聪明爽朗的学者。他不但能用中文写文章，而且中国话也说得相当流利。以一个没有离开苏联一步的学者，居然中国语文能达到如此高深的水准，颇令人十分诧异。我们一见如故，从敦煌卷子谈到抄本红楼梦，从考古队谈到黑水城文物的发现，谈了差不多两个钟点”。

8 月 11 日、12 日是星期六、星期天，东方所停止办公。潘先生就游览列宁格勒和涅瓦河。

8 月 13 日是星期一，潘先生上午到东方所，由孟列夫教授陪同到图书馆善本藏书室，介绍两位善本室的正副主任。“然后引导我参观敦煌卷子和黑水城发现文物。以前看见两册目录和西方学者传说，始终不能确知敦煌卷子的数量。这次亲见藏书，才知道敦煌抄本编目虽有一万二千个号码，实际成卷的只有三百余轴，其余无论是一叶、半叶都算是一个号码。我往年从小川教授抄来的一五一七号诗经卷子，实际上只是半纸残书。我亲自披览之后，校正了我论文中一个错字。这些卷子庋藏在大书橱中，果然成卷的不算多。孟希科夫教授又把他近年描写的黑水城发现的汉文资料卡片给我看。据说，全部汉文资料达五六百种，最后，取出红楼梦抄本三十五册给我过目。”

8 月 16 日，“我独自上楼，借书阅览。承善本室主任告知，今日阅览室提早于下午三时关闭。我提高警惕，更加快速度进行工作。中午孟先生来阅览室邀我去食堂，我婉言早餐多食过饱，加以推辞。我想，人生吃饭的机会太多，异域阅读异书的机会太少。千辛万苦换来十几小时的阅读机会，岂肯为了吃饭而耽误”。

8 月 17 日，是潘先生阅读敦煌文献的最后一天，而“今天阅览室又关门，必须在孟先生特设在藏书室的工作桌上阅读”。孟先生“把黑水城和敦煌的卷子，择要的给我阅览和抄写。我一直披读到下午六时”。

综观潘重规先生的列宁格勒之行，一共只有十天，真正看敦煌卷子的时间也有限。关于这次在列城的经历，潘先生写有《列宁格勒十日记》，同时，该书还包括潘先生根据孟列夫谈话所写的《我国在列宁格勒的国宝》、研究俄藏敦煌文献的《变文双恩记试论》，并附有 1972 年 12 月 16 日在香港新亚研究所的学术演讲词《敦煌学的现状和发展》。

《列宁格勒十日记》的篇幅也不长。但潘先生的列宁格勒之行和《列宁格勒十日记》却是敦煌学史上的一件大事，它给予我们很多的思考和启示：

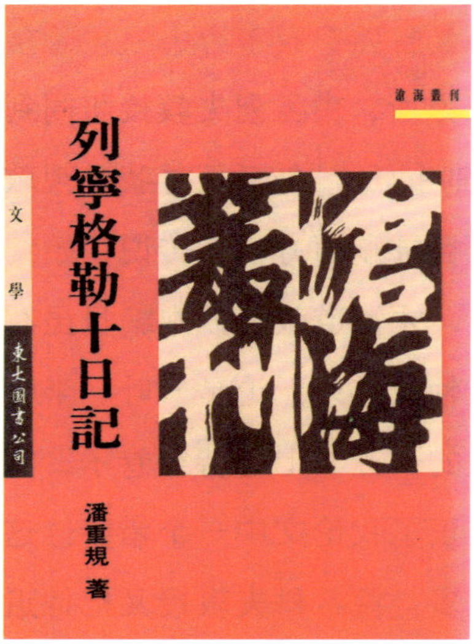

《列宁格勒十日记》

第一，很多事情都会有许多艰难

庆祝潘重规先生九五嵩寿暨从事敦煌学研究一甲子，
二十一世纪敦煌学国际学术研讨会与会学者合影

险阻，不会一帆风顺。要有巨大的耐心、韧劲和锲而不舍的钻研精神，才可能克服所遇到的困难。

当潘先生去苏联前，未接到孟列夫教授的回信，而他又不懂俄语，但他仍坚定地按照计划前往，从而克服了种种困难，终于达到了目的。

第二，中国学者应为敦煌学的发展作出自己的贡献。

在《列宁格勒十日记》所附《敦煌学的现状和发展——一九七二年十二月十六日新亚研究所学术演讲词》中，潘重规先生就提出："应将全世界保存的敦煌卷子，全部摄影。因为摄影，才能延续推广它的生命。"二十年后，经过中俄双方学者的共同努力，"中俄两国的专家和出版者已决定毫无保留地以影印方式合作出版全部珍藏在俄罗斯圣彼得堡的敦煌写卷。该项工作已作周密策划，其宗旨在于向世界各国的学者直接展示敦煌写卷的真实面貌，排除其他任何出版方式可能造成的失真现象”。

潘重规先生还一再强调:“敦煌遗书是中国人的文化遗产，如何使支离破碎的遗产恢复完整、发扬光大，这主要是我们中国人的责任。我希望中国学人抱着恢复国土的心情，来从事阐扬绝学的工作。”

在潘先生“新亚”演讲和赴列宁格勒阅读敦煌文献三十年后的今天，俄、英、法等国所藏敦煌文献的主体，已基本摄影公布完毕。这是中国学人对国际敦煌学的巨大贡献，也是国际学界友好合作的典范。

当我们看到装帧精美、印制优良的 80 余册《敦煌吐鲁番文献集

潘重规先生（右一）接受由敦煌研究院颁赠的荣誉院士证书

成》时，我们不得不从内心感谢那些为此艰辛奔波、并付出了巨大贡献的学者和出版家。没有他们的艰辛劳动，就不可能有今天的硕果。

1973 年的列宁格勒之行，是潘重规先生敦煌学研究的一大转折，从此以后，他将主要精力都投身于敦煌学研究，并取得了举世瞩目的成绩。1974 年，法国法兰西学术院因为潘先生在敦煌学研究方面的卓越成就，特主动颁予代表法国汉学最高成就的儒莲奖（Julian Price），儒莲奖是由法兰西文学院颁发的汉学奖项，以奖励上一年发表的汉学著作，被称为汉学界的诺贝尔奖。它创建于 1872 年，并于 1875 年首次授予该奖项，到至今从未间断。2013 年，研究西夏文字的宁夏社会科学院的李范文先生荣获儒莲奖；法国科学院敦煌学研究会也聘潘先生为名誉会员。1976 年韩国岭南大学赠予名誉文学博士学位。1992 年，敦煌研究院为推崇先生数十年来在倡导敦煌学研究所投注的心力及其在研究上的贡献，特由院长段文杰先生率团来台颁赠该院荣誉院士头衔；1995 年，台湾地区行政管理机构为表彰先生发扬中华文化的卓著贡献，及在敦煌学研究的辉煌成就与倡导敦煌学的不遗余力，特颁赠中华文化奖。2000 年 7 月，国家文物局、甘肃省人民政府为庆祝敦煌藏经洞发现一百周年，表彰先生的成就与贡献，特颁予“敦煌文物保护研究特殊贡献奖”。

敦煌文献的整理刊布

资料是一切学术研究的基础，对于敦煌学来说，这一点显得尤为重要，因为敦煌文书的绝大部分已被劫往国外，就是藏在国内各图书馆、博物馆中的敦煌文献，也首先是将其作为文物而收藏的，并不是作为图书资料而利用的。因此，对于绝大多数的研究者来说，根本不可能亲自阅读敦煌文献，而作为文物保存的敦煌文献，由于年代久远，纸张碎破，也不允许被多次翻阅。根据原件照相拍摄，然后影印出版，就成了最好的刊布方式，这样既可以保存原状，又可以满足绝大多数研究者的需要。

另外，敦煌文献是在西北边远的一个小县城的石窟中发现的，其中虽然也有许多中原的或全国性的东西，但不可否认，它打上了当时当地的许多烙印，文书上也就有了一些当地的方言方音；当时的一些俗字俗语，对于今天的学者来说，也是不容易搞懂的；一些写经人或其他的作者，由于文化水平较低，也就出现了不少的错字和别字。正是由于这些原因，敦煌文献仅仅靠影印出版还是不够的，还需要像二十四史和《资治通鉴》那样的整理本，供学者们使用。

《敦煌宝藏》及其他

《敦煌宝藏》是出版界出版的最早、最全面的敦煌图版照片，在敦煌学研究中曾发挥了重大的作用。

《敦煌宝藏》从1980年开始编辑，由黄永武先生主编，台北新文丰出版公司于1982—1986年陆续出版。它从世界各地当时已经公布的敦煌遗书缩微胶卷中再次摄影编排了图片约20万张，另外还有画本、刺绣、壁画塑像等图片千余张。为保存原貌及资料的真实性，对损泐（“泐”音“lè”，石头裂开之意）不清处，也不旁注、不校改。

该书的编排顺序是英、法、中在前，其他各国在后。各国收藏品的编辑顺序是:英国部分仍旧用斯坦因编号，法国部分也是用伯希和编号，因为这两个编号已经为国际学术界所通用。中国北京图书馆（今国家图书馆）所藏，则沿用《敦煌劫余录》的体例。

《敦煌宝藏》共140册，每10册为一辑。其中第1—55册是斯坦因劫经录，即S.0001—S.7599号;第56—111册是北京图书馆（今国家图书馆）藏卷，即北图1—8738号;第112—135册是伯希和劫经录，即P.2001—P.6038号;第136—137册是新文丰公司编辑部编撰的散录，即散1—1608号;第138—140册也是新文丰公司编辑部编辑的欣赏篇，即P.2005—P.5007号，苏联列宁格勒（今俄罗斯圣彼得堡）东方学研究所藏0096—2784号。

为了配合《敦煌宝藏》的出版，黄永武教授还编印了《敦煌遗书最新目录》。本书以王重民等编《敦煌遗书总目索引》为基础，并补充了

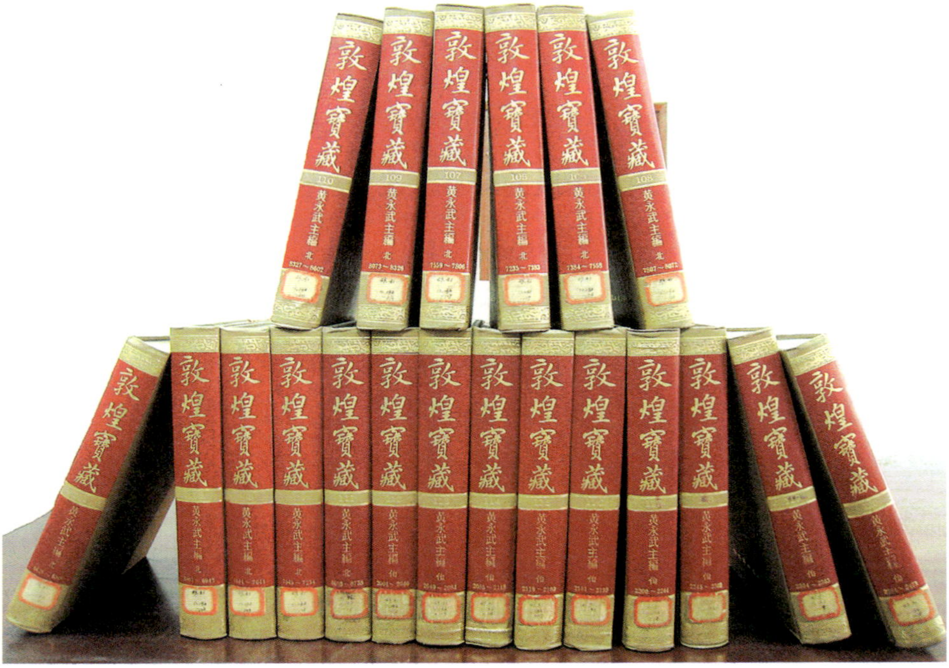

《敦煌宝藏》

《总目索引》出版后的一些新发现，如 S.6980 号以后 600 号敦煌无名断片新标目和 P.5579 号以后的新目录，同时，还将苏联孟列夫主编的《苏藏敦煌文献目录》翻译后补入，还补充了日本所藏敦煌文献的目录。

《敦煌宝藏》工程浩大，收录齐全，是敦煌文献发现后的第一次最全面整理，对推动敦煌学研究曾发挥过非常重要的作用。

当然，由于当时客观条件的限制，所有照片都是从缩微胶卷上拍摄的，从而使一些图片不大清楚。现在，随着《英藏敦煌文献》、《俄藏敦煌文献》、《法藏敦煌西域文献》、中国《国家图书馆藏敦煌遗书》

等大型图录的出版，《敦煌宝藏》可以说已基本完成了其使命。

在《敦煌宝藏》编辑结束，正在陆续出版之际，黄永武教授在新文丰出版公司的大力支持、赞助下，又编辑了一套大型敦煌学研究丛书——《敦煌丛刊初集》，于1985年6月由新文丰出版公司出版。

《敦煌丛刊初集》的编辑缘起和目的，正如该书的出版说明所说："敦煌资料之研究，乃当今国际汉学界之显学，随着本公司《敦煌宝藏》之辑印，更掀起广泛研究之热潮。非仅各方学术会议恒以敦煌学为重点，而各大学之纷纷开设'敦煌学'课程，尤为目下已蔚成之风尚。本公司为迎合潮流所趋，提供研究所需，促进文化复兴，特编辑民国以来中外重要之敦煌学工具书或经典之作，均为坊间绝版或难以购得之珍贵典籍，荟萃于一编，以利学术研讨之展开。"

《敦煌丛刊初集》共16册，即第1册:[英]翟理斯编《英伦博物馆汉文敦煌卷子收藏目录》，附黄永武撰《英伦所藏敦煌未知名残卷目录的新探索》和《敦煌六百无名断片的新标目》;第2册:王重民等编《敦煌遗书总目索引》，附黄永武撰《刘铭恕斯坦因劫经录之订补》;第3、

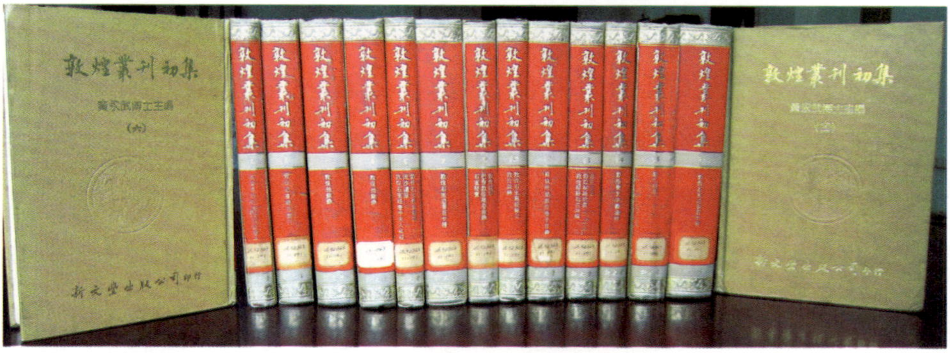

《敦煌丛刊初集》

4 册:陈垣编《敦煌劫余录》;第 5 册:史岩《敦煌石室画像题识》、金祖同辑《流沙遗珍》、李证刚《敦煌石室经卷中未入藏经论著述目录》;第 6、7、8 册:罗振玉辑《敦煌石室遗书百廿种》;第 9 册:常钧《敦煌杂抄》和《敦煌随笔》、王重民《巴黎敦煌残卷叙录》、存古学会编《石室秘宝》;第 10 册:许国霖《敦煌石室写经题记》和《敦煌杂录》;第 11、12 册:[苏] 孟列夫编《苏俄所劫敦煌卷子目录》;第 13 册:[日] 羽田亨辑《敦煌遗书》、[日] 神田喜一郎《敦煌秘籍留真》和《敦煌秘籍留真新编》;第 14 册:蒋礼鸿《敦煌变文字义通释》;第 15 册:刘复《敦煌掇琐》;第 16 册:敦煌文物研究所编《敦煌莫高窟内容总录》。

重新编辑出版这些图书，主要是因为敦煌学已引起学术界的重视，但有关图书资料非常缺少，因而就选取民国以来世界各地已出版的敦煌学经典著作和工具书重印。

为了促进敦煌学的发展，20 世纪 90 年代初，新文丰出版公司又邀请东吴大学(后调入逢甲大学)林聪明教授主编《敦煌丛刊二集》。关于《二集》的主旨和内容，林聪明教授在序言中说:“新文丰出版公司以弘扬敦煌学为己任，历年来不惜耗费巨资，大量编印相关资料。先后出版《敦煌宝藏》《敦煌丛刊初集》等丛书……为因应敦煌学研究日新月异的趋势，因委托余筹编《敦煌丛刊二集》，收录当代中国学者的专著或论文集，从客观的角度呈现研究成果，供学界参考，希望此类丛刊的辑印，能有助于敦煌学的发展。”

《敦煌丛刊二集》从 1993 年开始出版，现已出版赵和平《敦煌写本书仪研究》、张鸿勋《敦煌讲唱文学概论》、张锡厚《敦煌本唐集研究》、项楚《敦煌歌辞总编匡补》、李正宇《敦煌史地新论》《敦煌乡土

作者与林聪明教授（左二）、新文丰出版公司总编高本钊先生（左三）、
李正宇先生（右一）合影（摄于 2000 年 8 月）

志八种笺证》、颜廷亮《敦煌文学概说》、邓文宽《敦煌吐鲁番学耕耘录》、饶宗颐《敦煌曲续论》、唐耕耦《敦煌寺院会计文书研究》、荣新江《鸣沙集》、刘进宝《敦煌文书与唐史研究》、左景权《敦煌文史学述》、林聪明《敦煌吐鲁番文书解诂指例》、杨际平《敦煌吐鲁番文书研究文选》等。

为了给初治敦煌学者提供一套全面系统的入门书，林聪明教授还主编了《敦煌学导论丛刊》。该《丛刊》的编辑目的和主要内容正如林聪明教授在序言中所说："新文丰出版公司董事长高本钊先生致力弘扬中国文化，近数年来尤全力支持敦煌学的研究……今更不遗余力，欲大量出版当代敦煌学者的研究成果，供世人参考，俾有助于斯学的发展。余得知其用心，感佩其热诚，乃代为筹编《敦煌学导论丛刊》，邀请海内外中国学者，就其精研范围，以中文分类撰写导论……本丛刊的问世，期能使初治敦煌学者得窥其门径，专研有成者亦可助于会通，从而促进敦煌学的普及与发达，此诚为全体作者共同的愿望。”

《敦煌学导论丛刊》从 1991 年开始出版，共出版了 15 册，即林聪明《敦煌文书学》、周绍良《敦煌文学刍议及其他》、白化文《敦煌文物目录导论》、姜伯勤《敦煌社会文书导论》、高国藩《敦煌民俗资料导论》、季羡林《敦煌吐鲁番吐火罗语研究导论》、张鸿勋《敦煌话本、词文、俗赋导论》、项楚《敦煌诗歌导论》、陈祚龙《敦煌文物散论》、金荣华《敦煌文物外流关键人物探微》、王永兴《敦煌经济文书导论》、耿世民《敦煌突厥回鹘文书导论》、李正宇《敦煌历史地理导论》、谭蝉雪《敦煌岁时文化导论》、马德《敦煌石窟营建史导论》。

《英藏敦煌文献》的刊布

1995 年 5 月，大型图集《英藏敦煌文献·汉文佛经以外部分》的 14 卷图版全部由四川人民出版社出版。

该书出版后，受到了海内外敦煌学者的广泛欢迎和高度评价，被认为是迄今为止，反映英藏敦煌文献最清晰、最完整、最准确的图版本，并荣获了 1995 年第二届国家图书奖。

《英藏敦煌文献》的编辑出版，是非常偶然的。当然，偶然中也包含着必然，这就是敦煌学研究发展到一定的程度后，研究者需要掌握全面的资料和清晰的图版。

当敦煌文献流散海外后，影印、抄写、整理、校录这些文献，就成了敦煌学者的夙愿。1954 年，大英博物馆图书馆（后分出成立英国国家图书馆）在日本学者榎一雄教授的协助下，首先采用先进的缩微技术，将英国所藏的 6000 多号敦煌文献制成缩微胶卷，向全世界发行。1954 年 9 月 13 日，英国剑桥大学东方语言教研室以布莱伯兰克、穆尔、魏莱和李约瑟 4 人的名义，联名给中国科学院院长郭沫若写了一封信，提出能否有望得到我国北京图书馆等处收藏的我国出土的中世纪写本的缩微胶卷，尤其是敦煌文书的缩微胶卷，并提出可以用大英博物馆所藏敦煌文献的缩微胶卷交换。

中国科学院将此信的抄件转致北京图书馆后，经北图上报文化部批准，开始了北京图书馆所藏敦煌文献的摄制工作，并于 1957 年完成了与英国的交换。很快中国科学院图书馆就得到了英国的缩微胶卷，中国科学院历史研究所也从图书馆获得了拷贝片，成为国内最早拥有这批缩微胶卷的科研单位。当时敦煌学家向达先生任历史所副所长，贺昌群先生也在历史所工作。正是因为有这样的机遇和条件，历史所就在向达、王重民、贺昌群等先生的策划、支持下，决定利用这批胶卷和解放前北京图书馆在巴黎、伦敦拍摄的部分照片以及向达、王重民先生早年在英、法所做的录文，编辑一套以敦煌社会文书为主的《敦煌资料》。

《敦煌资料》的具体编辑、录文是由阴法鲁、那向芹、虞明英等先生承担的。1961 年中华书局出版了第一辑，同时完成了第二辑的初编工作。《敦煌资料》第一辑出版后，引起了中日学者的重视和关注。但由于当时国内搞各种“运动”，尤其是“文化大革命”的影响而使这一非常有意义的工作中断了。

1982年，由国家文物局古文献研究室发起组织了“敦煌古文献”项目，同时，中国社会科学院历史研究所也组建了敦煌组，计划重新编辑、校勘《敦煌资料》。1983年中国敦煌吐鲁番学会成立后，“敦煌古文献”编委会也改隶于敦煌吐鲁番学会，其秘书组的联络工作也由历史研究所敦煌组承担。在当时的条件下，不论是《敦煌资料》，还是“敦煌古文献”的编辑、校录，所依据的资料主要是中、英、法三国的缩微胶卷和海内外学者据原件所做的部分录文。而根据缩微胶卷放大的照片，有一些是不大清楚的，从而影响了学者的使用，其学术价值也就打了折扣。

20世纪70年代末80年代初，日本学者池田温的《中国古代籍帐研究》和山本达郎主编的《敦煌吐鲁番社会经济文书》第一、二辑先后出版。历史所重新校订的《敦煌资料》第一辑虽然吸收了国内外的研究成果，但毕竟没有利用英、法所藏原件，在总体上也就不能超越池田温和山本达郎的校录本。而当时正在进行的“敦煌古文献”，则计划是有图版有录文的分类全辑本，为了避免重复劳动，就决定将《敦煌资料》编成一部精选、只有录文，可供高等院校教学参考

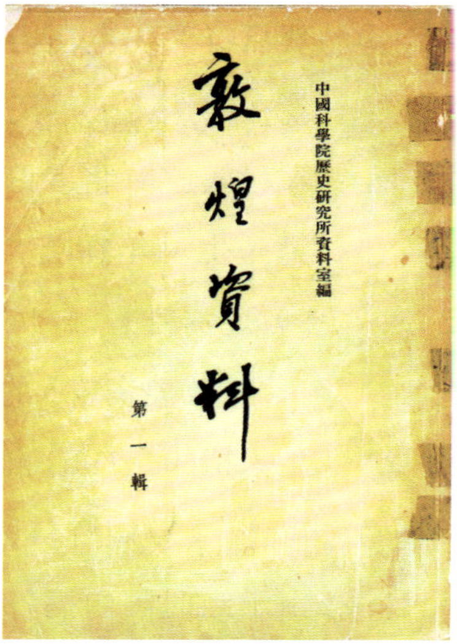

《敦煌资料》第一辑

之用的普及本。

不论是编辑《敦煌资料》的普及本，还是编辑有图有文的“敦煌古文献”，都需用将已编成的录文用英、法所藏的原卷校订。为此，中国社会科学院就利用历史研究所与英国伦敦大学亚非学院的学术交流协议，于 1987 年 8 月派历史所副所长张弓和敦煌组负责人宋家钰两位先生前往伦敦，从事三个月的学术访问。

8 月 21 日下午，张弓和宋家钰先生到了英国国家图书馆，见到了东方书籍与写本部（简称中文部）主任吴芳思博士和马克乐女士。由于她们两人都毕业于剑桥大学，也都曾在北京大学历史系读书，因此能讲得一口流利的汉语。当张弓等人向吴芳思等说明了来意：以后三个月，将在这里借阅馆藏敦煌文书。二位女士对来自中国的朋友亲切热情。吴芳思放下手头工作，亲自领张弓、宋家钰到汉文阅览室参观，并介绍与出纳员相识；还帮他们照相、办理了临时借书证。

从第二天（8 月 22 日）开始，张弓和宋家钰先生就在英国图书馆阅读敦煌文书。第一天虽然只查对了两个卷号（S.0286、S.0329），但却有惊人发现：即国内所购缩微胶卷的扩印照片与敦煌写本原卷差别极大。如 S.0286 号是公元 10 世纪的《寺院诸色入历》。带来的扩印件模糊不能成行，原以为原卷如此。其实原卷基本完整而且清楚。尤其是土黄色墨迹所写入物名称：麦、黄麻等，照片上竟了无痕迹，完全隐没了。入历而不知所入物品名称，这件文书照片的价值也就减去大半。由于他们无法在扩印件上描补，只好用了一个小时的时间，对本件文书重新作了录文。从整个原卷情况看，英国保存得还好。但毕竟时历千余年，墨迹日见其淡。

他们两人就私下商量：可否与SOAS（注：伦敦大学亚非学院简称）及英国图书馆合作，使用最新技术重拍些照片。并写信向国内汇报，请示重拍。

在来伦敦时，张弓和宋家钰先生就随身携带了不清楚的照片复印件1000多张，现在看到原卷很清楚，就以此为契机，向英国方面介绍了“敦煌古文献”编委会在校录工作中，因部分缩微胶卷不清楚而遇到的一些困难，并希望重拍部分照片。当时吴芳思说：“我们的缩微胶卷是40多年前制作的，我们知道其中少数质量不是很好。我们有责任为你们免费重拍。你们可以开列出需要重拍的斯坦因编号。”马克乐也说：“现在拍摄技术有很大进步，一些肉眼完全不能辨识的字，采用红外线拍摄技术，就能清晰地显示出来。我们也在考虑重拍部分文书。”

正是由于吴芳思等人的理解与支持，英方同意了免费重拍部分文书。后双方又商量：既然缩微胶卷中的社会文书有三分之一要重拍，就不如全部重拍。所需经费，可以用国内出版的图书交换。在此基础上，草拟了《关于合作整理、出版英国所藏中国敦煌古文书的设想》的书面文件以供讨论。该文件最后说：

> 英国图书馆过去拍摄的缩微胶卷……在四千五百多张非佛经的照片中，大约有近两千张照片完全不清楚，需要重拍；其余两千多张，也须按出版的要求，重新拍摄。为此，中国社会科学院历史研究所和中国敦煌吐鲁番学会“敦煌古文献”编委会希望能与英国图书馆东方部、伦敦大学亚非学院合作，共同编辑出版《英藏敦煌文献》一书。该书所需四千五百张斯

坦因编号的敦煌文书照片，由英方负责重拍胶片，照片的放大和编辑、出版，由中方负责。

这一建议，得到了中英双方的一致赞同，并很快达成协议：由中国社会科学院历史研究所、中国敦煌吐鲁番学会“敦煌古文献”编辑委员会、英国图书馆东方写本与书籍部、伦敦大学亚非学院两方四家，合作编辑出版《英藏敦煌文献·汉文佛经以外部分》。

1988年11月，中国敦煌吐鲁番学会副会长、著名敦煌学专家宁可教授飞赴伦敦，其任务是筛选全部英藏敦煌文献；1989年初，历史所高级工程师王杼携器材赴英，其任务是拍摄由宁可先生选定的文献（1990年，又派摄影师庄小明赴英补拍）。《英藏敦煌文献》的编辑工作正式启动。

文献的筛选是浩繁而又艰难的。千年古纸，脆薄易碎，长卷十多米，残片不盈寸，翻阅时必须惜护留心；少量佛经以外的文献，同大量佛经羼杂交错，又大都字迹潦草随意，墨迹浓淡不一，再加上岁月的磨洗，实在是漫漶难辨。经过整整一年的工作，到1989年11月时，宁可先生过目了15000余件原卷，从中选出了2000余件。英国国家图书馆、印度事务部图书馆、英国国家博物馆所藏敦煌宝卷中的佛经以外文献，基本上被“一网打尽”了。中国学者阅过全部英藏敦煌文献者，宁可先生当是第一人。王杼则是拍摄英藏敦煌文献最多的人。他白天在英图铺放写卷、调机配光、精心拍摄，晚上则在公寓连夜调制药液、把胶卷冲洗出来；以便发现效果不佳者，次日就及时重拍。半年之内，拍黑白片7000张，彩照400多张。

由于敦煌文献涵盖人文社会科学的十多个学科，另外还有医药、天文、历法等方面的内容。编委会确定的工作原则是：按斯坦因编号流水分段，编委周绍良、沙知、宁可、宋家钰、张弓分任主编（首次发表的后面三卷，增加郝春文、荣新江为副主编）；充分吸收借鉴中外已有成果，给予系统整理，提出各卷文献定名初稿；每卷每条定名，都经编委会集体讨论研究确定；编委会对难以认定的文献，请教专门家。从1989年秋到1994春，历时四年半，定稿讨论会开了20多次。除主编、副主编外，郭锋、王冀青、杨宝玉、李德龙、徐庆全等青年学者，也为《英藏敦煌文献》的编辑出版作出了很大的贡献。

《英藏敦煌文献》是从1990年开始出版的，第1—11卷收录了英国图书馆已经公布敦煌写本中的全部汉文非佛经文书；第12—14卷则首次刊布了该馆所藏S.6981—S.13677之间的非佛教文书，英国博物馆东方古物部所藏敦煌写本、敦煌绢纸绘画上的供养人题名题记，英国印度事务部图书馆所藏敦煌汉文佛经以外的文书。第15卷是全书总目并编有多种索引。整套《英藏敦煌文献》的图版均据原件拍摄，清晰可辨，照片还附有比例尺，可以显示原文书的尺寸规格。

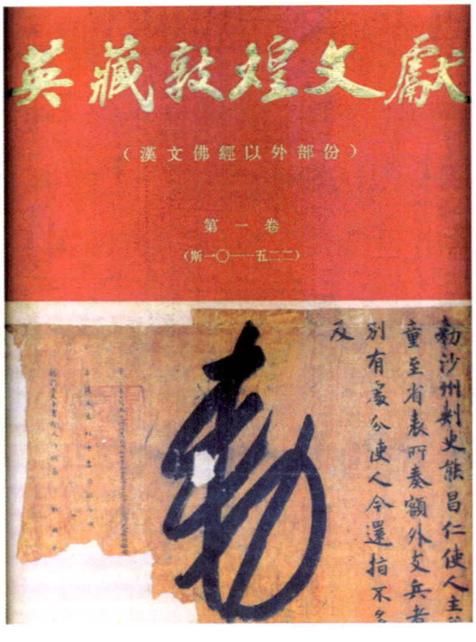

《英藏敦煌文献》

就在《英藏敦煌文献》陆续出版之时的1991年，北京大学历史系荣新江教授和北京图书馆善本部的方广锟博士，由“王宽诚英国学术院奖学金资助”，应英国图书馆邀请，前往伦敦编S.6981以下写本的目录。其中佛教部分由方广锠负责，非佛教部分由荣新江编目。荣新江教授编著的《英国图书馆藏敦煌汉文非佛教文献残卷目录（S.6981—S.13624）》一书，由台北新文丰出版公司于1994年7月出版。由于荣新江先生学识渊博，尤精于敦煌文献，故该书是目前敦煌文献目录方面比较适用、权威的一部工具书。该目录除标题外，还包括对写本外观、内容、专有名词、题记、朱笔、印鉴、杂写、年代及与其他写本关联情况的提要，凡能找到的有关该号写本研究的文献和图版，亦作了著录说明，是读者阅读《英藏敦煌文献》第12—14卷的重要参考书。

方广锠博士编著的《英国图书馆藏敦煌遗书目录（S.6981号—S.8400号）》，于2000年由宗教文化出版社出版。按照原计划，荣

《英藏黑水城文献》

《英国图书馆藏敦煌汉文非佛教文献残卷目录（S.6981—S.13624）》

新江编非佛教文献目录，方广锠编佛教文献目录，但方广锠博士在编写过程中又改为逐卷簿录，这样就出现了交叉著录的问题，正如该书“凡例”所说：“本目录决定将《荣目》已经著录的五十四号也作为著录对象涵摄进来。”当然，对于使用者来说，未尝不是好事，这样使用起来就方便多了。

《英藏敦煌文献》的出版，是中英双方学术界友好合作的产物，也开创了海外所藏敦煌文献编辑照拍、整理出版的先河。

《俄藏敦煌文献》

如果说《英藏敦煌文献》从开始的设想、筹划、商谈到编辑出版，主要是敦煌学家努力的结果，那么《俄藏敦煌文献》的面世，则主要是出版家的功劳。

当《英藏敦煌文献》编辑完毕，即将由四川人民出版社全部出版之际，《俄藏敦煌文献》的编辑出版也被提上了议事日程。1989年8月中旬，上海古籍出版社代表团访问了苏联，与苏联科学出版社东方文学部、苏联科学院东方学研究所列宁格勒分所就合作出版藏于列宁格勒的中国敦煌、吐鲁番与黑城文献进行了商谈，同时对艾尔米塔什（冬宫）博物馆所藏中国新疆、敦煌与黑城艺术品进行了比较详细地考察。

作为《敦煌吐鲁番文献集成》主体项目的《俄藏敦煌文献》，是苏联科学院通讯院士李福清向上海古籍出版社魏同贤社长推荐的。

20世纪80年代初，中苏关系尚未解冻，李福清以私人身份来到中国。在上海时，他曾与魏同贤谈到了列宁格勒的东方学研究所藏有一抄本《石头记》，并说台湾的潘重规先生曾经看过。这一信息引起了

俄罗斯科学院东方学研究所藏敦煌卷子

魏同贤的极大兴趣，李福清也表示愿意促成。后来，苏藏《石头记》在中华书局出版。1987年，当李福清院士与魏同贤社长再次见面时，既谈到了《石头记》在中华书局的出版，又谈到东方学研究所收藏敦煌文书之事。在此前不久，《读书》1986年第10期上刚公布了郑振铎1957年在列宁格勒阅读敦煌文献时给徐森玉的信件，这就是徐森玉先生的公子徐文堪发表的《郑振铎与苏联列宁格勒所藏敦煌文献——记西谛先生的一通手札》。这篇文章使国内学界对苏联所藏敦煌文献有了基本的了解，当魏同贤提出有兴趣出版俄藏敦煌文献时，李福清当即表示愿意从中牵线。

后来，经李福清的介绍，上海古籍出版社的领导认识了苏联科学出版社东方文学部总编辑德列尔和东方学研究所的敦煌学专家孟列夫。

经过中苏双方的多次电函往返后，就有了1989年8月上海古籍出版社代表团的苏联之行。

作者与孟列夫先生在玉门关（摄于2000年8月）

随后，苏联有关方面又到上海进行了访问商谈。1990年10月，上海古籍出版社派遣李伟国、府宪展等前往苏联进行现场工作。1991年2月，以苏联科学出版社东方文学部主任德列尔、列宁格勒东方学研究所所长彼得罗相、敦煌学专家孟列夫组成的俄方代表团在上海签订了出版协议。

当中俄双方达成协议，合作影印出版藏于列宁格勒的全部敦煌、吐鲁番与黑城文献后，上海古籍出版社为此还专门组建了敦煌吐鲁番文献编辑室（现并入历史编辑室）。后来，苏联解体，虽然其政治制度发生了重大变化，但《俄藏敦煌文献》的编辑出版却仍在继续进行。

当合作编辑出版《俄藏敦煌文献》的协议已经签订，上海古籍出版社的文字编辑府宪展、蒋维崧和摄影师严克勤于1992年初乘车赶往俄罗斯准备拍摄胶卷时，又出现了意外，即俄罗斯东方学研究所所长提出:在他们的学者还没有研究清楚俄藏写卷并写出论著之前，不允许中国方面拍摄文献原卷，而只能阅读。当然，协议中的书将来还是可以出版，但必须分类分册出版，每一册书的前面是俄罗斯专家的论著，后面是相关的若干原卷。

当时俄罗斯方面研究敦煌文献的学者主要是孟列夫和丘古耶夫斯基教授，他们是真正的学者，都将其一生献给了敦煌文献研究。因此，李伟国先生首先说服他们二位，其用来说服的理由是:第一，按照目前的整理程度，要分类出版是不可能的;第二，你们要写专著，作专题研

位于涅瓦河畔的俄罗斯科学院东方学研究所

究，都可以继续进行，我们也愿意帮助出版；第三，你们两位本身就是国际敦煌学界的著名学者，现在又是《俄藏敦煌文献》的主编，《俄藏敦煌文献》的编辑出版将是你们对敦煌学的重大贡献，全世界的学者都会感谢你们。

这几条非常真诚的理由，说服了孟列夫和丘古耶夫斯基教授。当由他们二位再去做所长的说服工作时就顺利多了。结果是按原来的计划，按号数一件件地阅读、编辑、拍摄，一卷一卷地出版。

这样，上海古籍出版社的正式工作小组在 1992 年取得了实质性进展，拍摄了第一册到第五册的全部“Дх”编号的照片，完成著录了卡片，并在当年出版了具有决定意义的《俄藏敦煌文献》第一册。

《俄藏敦煌文献》的全称是《俄罗斯科学院东方研究所圣彼得堡分所藏敦煌文献》，它作为上海古籍出版社策划出版的大型项目《敦煌吐鲁番文献集成》之一，由俄罗斯科学院东方研究所圣彼得堡分所、俄罗斯科学出版社东方文学部和上海古籍出版社合编（主编:［俄］孟列夫、［中］钱伯城，副主编:［俄］丘古耶夫斯基、［中］李伟国），上海古籍出版社和俄罗斯科学出版社东方文学部于 1992 年 12 月开始联合出版。

该书是俄罗斯科学院东方研究所圣彼得堡分所藏敦煌写本的大型完整图录集。书前有孟列夫撰《前言》，对俄藏敦煌文献有概括介绍。每册前还有彩色图版若干，展示最有价值和朱笔较多的文献。

目前，通过上海古籍出版社与俄罗斯科学院东方研究所圣彼得堡分所、俄罗斯科学出版社东方文学部的多年筹划合作，《俄藏敦煌文献》共 17 册，18000 余号（后面碎片特多），目前已全部出版完毕。

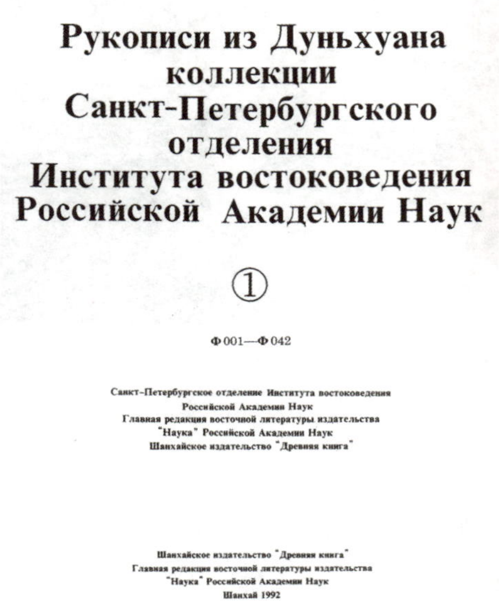

Рукописи из Дуньхуана коллекции Санкт-Петербургского отделения Института востоковедения Российской Академии Наук

①

Φ001—Φ042

Санкт-Петербургское отделение Института востоковедения
Российской Академии Наук
Главная редакция восточной литературы издательства
"Наука" Российской Академии Наук
Шанхайское издательство "Древняя книга"

Шанхайское издательство "Древняя книга"
Главная редакция восточной литературы издательства
"Наука" Российской Академии Наук
Шанхай 1992

《俄藏敦煌文献》扉页

《俄藏敦煌艺术品》

1993年8月，当时的上海古籍出版社副总编、《俄藏敦煌文献》中方副主编李伟国先生与其同事府宪展先生在巴黎从事《法藏敦煌西域文献》的编辑工作时，得到了从俄罗斯圣彼得堡传来的信息，俄罗斯冬宫博物馆愿意与上海古籍出版社商谈冬宫所藏敦煌艺术品的出版问题。据李伟国先生《敦煌话语》记载："消息传来，我们认为事不宜迟，应立即设法前往圣彼得堡与之谈判。经与大本营联系，魏同贤社长赞同我们的建议，并发来一个文件，委派我为上海古籍出版社社长全权代表，前往圣彼得堡与冬宫博物馆馆长彼奥特罗夫斯基先生谈判。接着，冬宫方面的邀请函也到了。在匆匆准备以后，我买了一张俄罗斯航空公司由巴黎到莫斯科再到上海的机票，由一位中国驻法国大使

作者于 2005 年 7 月在出版俄藏敦煌文献目录的俄国科学出版社门前

作者于 2005 年 7 月在俄罗斯科学院东方学研究所阅读敦煌文献

馆秘书陪同来到了戴高乐机场。那时候苏联已经解体，我国与俄罗斯尚无互免签证条约，但我按照过去的惯例没有去签证。俄罗斯航空公司的工作人员要求检查签证，而这时如果我再回头去办签证，就需要等几天时间，不行，还是跟他们磨磨看吧。秘书也帮助交涉，他用的是法语，我能讲一点俄语，但这时急得一句也讲不出来。最后俄航终于放行了。”深夜到了莫斯科“进关时，果然要看签证，这时，我的俄语突然涌出来了，我告诉莫斯科机场边检人员，我们正在同贵国学术界进行着一项重要的文化合作，我是贵国一个重要的学术机构邀请的客人，我曾经为此事多次来贵国访问，与贵国的著名学者共同工作。边检终于被打动了，一挥手让我进了关。走进楼下大厅，找到了焦灼等待的张惠明博士，驱车进入莫斯科市区”。

深夜 12 点后，李伟国先生等登上了开往列宁格勒的列车，凌晨时分到达了列宁格勒。然后经过非常艰巨的谈判，终于签订了出版合同。这样就有了 6 册《俄藏敦煌艺术品》的出版，后来又有了 11 册《俄藏黑水城文献》的出版。

正如张惠明博士在列宁格勒对李伟国感慨的那样："环顾中国出版界，有哪个出版社的编辑为了出版敦煌文献，忙碌于列宁格勒、巴黎的藏书楼里，漫步在法兰西、俄罗斯的街头河边？你们出版社的领导派你们出来从事这一伟大的工程，是极有眼光的。"

《敦煌吐鲁番文献集成》及其他

在《俄藏敦煌文献》的编辑过程中，上海古籍出版社的领导认识到，如果能将散藏在世界各地的敦煌文献都像《俄藏敦煌文献》一样影印出版，既是有可能的，又能为学界提供敦煌吐鲁番文献的全貌，这样会省去学者们到世界各地奔波旅行、四方求阅之烦。因此，他们又积极与法国国立图书馆以及国内的上海博物馆、上海图书馆、北京大学图书馆、天津艺术博物馆等单位联系，并得到了这些单位及有关人士的热情支持。这就有了《敦煌吐鲁番文献集成》的编辑出版。

《法藏敦煌西域文献》是《集成》的又一主体项目。当出版《敦煌吐鲁番文献集成》的主体《俄藏敦煌文献》时，上海古籍出版社就聘请季羡林、潘重规、饶宗颐先生为《集成》的顾问。通过饶宗颐、潘重规和吴其昱先生的撮合，1992 年，魏同贤、李伟国访问了巴黎，与法国方面商谈法藏敦煌西域文献在中国的出版问题并签订了协定草案。此后通过多次的书信往来签订了正式的协议。1993 年 7—10 月，李伟国与府宪展在法国国家图书馆进行了现场编辑工作，主要是查阅和著录了预定前 10 册所收的文献，调查了法藏敦煌西域文献的编号和收藏情况，制作了反映法藏概貌的 70 多件文献的彩色图版，同时还商定并开始重新制作部分不合格的底片。

《法藏敦煌西域文献》是上海古籍出版社与法国国立图书馆合作编辑的，全书包括法国国立图书馆所藏全部汉文和非汉文敦煌西域文献的图版，补拍以前出版物中的缺号卷子和模糊不清的照片，并给予新的定名，共34册，由上海古籍出版社于1994—2005年全部出版。

《敦煌吐鲁番文献集成》总策划：魏同贤；顾问：季羡林、潘重规、饶宗颐。该《集成》除《俄藏敦煌文献》全17册、《法藏敦煌西域文献》34册外，还有《俄藏黑水城文献》全11册，《俄藏敦煌艺术品》全6册，《天津市艺术博物馆藏敦煌文献》全7册，《上海博物馆藏敦煌吐鲁番文献》全2册，《上海图书馆藏敦煌文献》全4册，《北京大学藏敦煌文献》全2册。

从已出各辑《敦煌吐鲁番文献集成》可知，其有如下特点：

第一，相对完备。尽力搜求、辑集，将敦煌地区出现的各种文字资料和艺术资料，尽可能完整地反映出来，使其成为一部总汇式的集成文献。

第二，力求存真。敦煌吐鲁番文书具有文献和文物两重价值，这就要求对文献的印制必须逼真，其大小、长短、形状、色彩、字迹、残损自不必说，即使是纸质、卷轴、包封等也不宜忽略。

第三，定名准确。当然，由于各种原因，已出《敦煌吐鲁番文献集成》，在个别文献的定名、分类等方面可能还有一些不当之处，这是可以理解的。

第四，编排合理。由于本集成是一套大型的资料用书，中心目的是给学术界提供一份全面可信的原始资料，因而，文字部分如前言、凡例、目录、题解、索引等等，均需说明性质，意在方便使用；图版部分则按序排列，重在实用，兼及欣赏。做到图文结合，以发挥资料用书的最佳效果。

现在，当我们看到装帧精美、印制优良的80多册《敦煌吐鲁番文献集成》时，我们不得不从内心感谢那些为此艰辛奔波、并付出了巨大贡献的学者和出版家。没有他们的艰辛劳动，就不可能有今天的硕果。

我们不应该、也不能忘记魏同贤、钱伯诚、李国章、赵昌平、王

巴黎法国国家图书馆阅览室

兴康等先生，他们虽然不是敦煌学家，但他们是真正的出版家，为出版敦煌文献付出了自己的心血。正如李伟国先生在《敦煌话语》中所说：“当年主事的魏同贤、钱伯城先生，都很有学者风度和眼光，虽然他们并不研究敦煌，即使由他们主编出版了那么多的有关敦煌的书，他们个人的研究仍不涉猎敦煌，但他们却有走出国门，找回‘敦煌’的决心和魄力……在钱、魏两先生相继退休，我又被调离以后，以我的同事府宪展、蒋维崧为主任的编辑室，因为短期内不见经济效益，曾经承受了巨大的压力，不理解的社内同事对他们侧目而视，幸好有李国章、赵昌平、王兴康等先生的苦苦撑持，方得继续，没有半途而废。”真的，当将来编写敦煌学史时，不应该遗忘他们。

MANUSCRITS DE DUNHUANG
ET D'ASIE CENTRALE
CONSERVÉS À LA
BIBLIOTHÈQUE NATIONALE DE FRANCE

①

Fonds Pelliot chinois
2001 – 2031

Les Éditions des Classiques chinois
Shanghai

Bibliothèque nationale de France

LES ÉDITIONS DES CLASSIQUES CHINOIS, SHANGHAI
SHANGHAI
1995

《法藏敦煌西域文献》扉页

当然，还有李伟国、府宪展、蒋维崧、郭子健、刘景云等等，他们干一行，爱一行，因编辑出版敦煌文献而成了敦煌学研究者。由编辑而学者，编辑兼学者，在老一代的中华人中能找出很多，如李侃先生的中国近代史研究、赵守俨先生的唐史研究、程毅中先生的唐代小说研究等。而在上海古籍出版社从事敦煌文献出版的这些编辑中，我们看到的是薪火相传。他们默默无闻、不计功名利禄，其敬业奉献精神、责任心和事业心，都是值得我们学习的。

其实，应该记住的人还有很多很多，正如李伟国先生在《敦煌话

《敦煌吐鲁番文献集成》顾问
季羡林先生(1911—2009)

语》中所说:“当我走进书店，默默地翻看着这部来之不易的大书的时候，我想起了慈眉善目的丘古耶夫斯基教授，他已经永远离开我们了;我想起了与丘教授同岁的孟列夫教授，这位聪明绝顶、精力充沛的学者，也已白发苍苍，渐现老态;我想起了张惠明博士，她早已远嫁法国，杳无音信;我想起了我的前妻，她也早已长眠地下。我想买一部书，把他们的名字都写上，留作纪念，但是昂贵的价格又教我下不了决心。”

2005年10月29日，孟列夫教授又因病去世了。

不论是四川人民出版社出版的《英藏敦煌文献》，还是上海古籍出版社已经出版的《敦煌吐鲁番文献集成》各卷，都是汉文文献。而在敦煌发现的文书中，除汉文文献外，还有大量的民族文字的文献，其中就有许多藏文文献的卷子，而且主要收藏在英国国家图书馆和法国国家图书馆中。

这些藏文卷子具有涉及多种学科的重要史料价值，国际上的研究还只是停留在编目阶段，并未全面刊布，中国学者更是难以亲睹其面，从而限制了学术的繁荣和发展。

与汉文文献不同，由于国内懂得古藏文的学者和编辑人数不多，从而使编辑出版工作困难重重，可以说，无论在规模上还是在学术难度

《法国国家图书馆藏敦煌藏文文献》

上，藏文文献的编辑出版都将会超过汉文文献。

经过多方商讨和努力，西北民族大学、法国国家图书馆、英国国家图书馆和上海古籍出版社达成协议，联合编纂出版敦煌西域藏文文献。经过前期准备工作，由西北民族大学、上海古籍出版社、法国国家图书馆编纂，才让和郭恩主编的《法国国家图书馆藏敦煌藏文文献》（简称《法藏敦煌藏文文献》）从 2006 年开始出版，全套共 35 册，已于 2020 年全部出版。

随后，由西北民族大学、上海古籍出版社、英国国家图书馆编纂的《英国国家图书馆藏敦煌西域藏文文献》（简称《英藏敦煌藏文文献》）也于 2010 年开始出版，全套计划 26 册，现已出版 14 册。

《国家图书馆藏敦煌遗书》及其他

伴随着《敦煌吐鲁番文献集成》的出版，由国家图书馆（前北京图书馆）馆长任继愈先生主编的《中国国家图书馆藏敦煌遗书》也开始由江苏古籍出版社出版。

中国国家图书馆现收藏敦煌遗书约 16000 余号，包括四个部分：（1）劫余录部分，即陈垣先生《敦煌劫余录》所著录的部分，计 8738 号。（2）详目续编部分。1927 年前后，从解京的敦煌遗书中又整理出

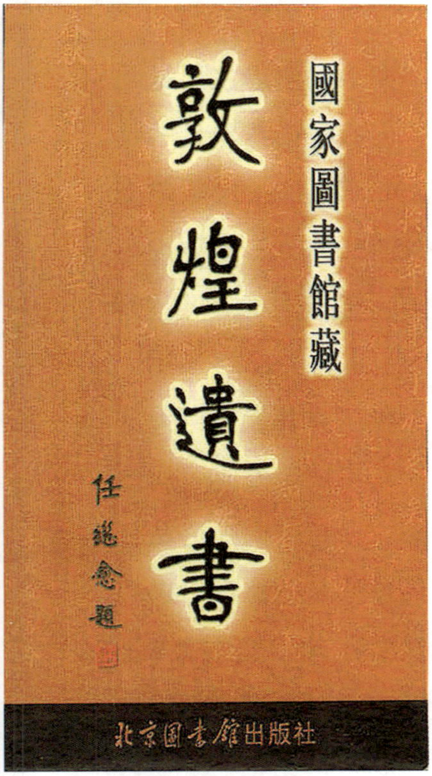

《国家图书馆藏敦煌遗书》

1192 号比较完整的遗书，定名为《敦煌石窟写经详目续编》。(3)残卷部分。解京的敦煌遗书经过上述两次整理编目的残存部分，总计近 4000 号。(4)新字号部分。指甘肃解京的敦煌遗书外，图书馆于其后数十年间陆续收藏的敦煌遗书。

《中国国家图书馆藏敦煌遗书》包括以上四个部分，并全部重新拍摄。拍摄所据的原件，已经过专家进一步修复整理，未经修复时所制缩微胶卷中存在的遗书背面漏拍，以及首尾残破，皱折叠压或墨迹深浅不一，难以辨认等问题，得以避免。从而使本书的图版更加完整、清晰。

江苏古籍出版社出版的《中国国家图书馆藏敦煌遗书》为 8 开本，每册约 460 页，在正文图版之后，编有叙录，新旧编码对照表等，原计划全套出版约 100 册，但在出版了 7 册后，不知什么原因，再未能继续出版。从 2005 年开始，国家图书馆又重新编辑，仍由任继愈先生主编，定名为《国家图书馆藏敦煌遗书》，由北京图书馆出版社(后更名为国家图书馆出版社)出版，全套共计 146 册，于 2012 年全部出版。

由于敦煌文书的大部分被劫往国外，因此早期中国学者主要是赴海外阅读、抄写、摄制有关资料，在此基础上，出版了一些专科的整理文献，如王重民的《敦煌曲子词集》（1950 年）、周绍良的《敦煌变文汇录》（1954 年）、任二北的《敦煌曲校录》（1955 年）、王重民等的《敦煌变文集》（1957 年）、中国科学院历史研究所资料室的《敦煌资料》第一辑（1961 年）等。

这些专科资料虽然有限，但为我国的敦煌文献研究曾起过巨大的作用。如《敦煌变文集》就是 1954 年，由王重民、王庆菽发起，向达主持，周一良、启功、曾毅公参加，在广泛摄录、抄写国内外公私收藏的变文资料的基础上，过录了 187 个写本，经过认真的整理后选编了 78 种而编成的。《敦煌变文集》是当时我国学者对变文写卷进行的规模最大的一次整理成果，也是收集资料最丰富的一部变文总集。1957 年由人民文学出版社出版后，对推动我国变文及民间文学的研究起了很大的作用。另如《敦煌资料》第一辑，就是一部综合性的敦煌文献集，它由科学院历史研究所编辑，也主要是辑录社会经济方面的资料，1961 年由中华书局出版后即成了敦煌经济文书和唐史研究者的案头必备书。对推动我国

《敦煌变文集》

中古经济史及唐史研究发挥了重要作用。

20 世纪 80 年代以来，我国学者更重视资料的整理与刊布。除前述《英藏敦煌文献》《俄藏敦煌文献》《法藏敦煌西域文献》和《国家图书馆藏敦煌遗书》外，还有一些零星的、专科的和分类的整理出版，也是很有价值的。如张锡厚《王梵志诗校辑》就整理出王梵志诗 366 首，是敦煌资料搜集整理方面的可喜收获。在此基础上，项楚又搜集了一些新发现和公布的资料，并作了精细校注，完成了《王梵志诗校注》一书，使王梵志诗的整理、研究更趋完善；任半塘（任二北）在《敦煌曲校录》的基础上，又不断搜集整理，编著了 100 多万字的《敦煌歌辞总编》，于 1987 年由上海古籍出版社出版。该书收辞 1300 余首，是目前所见收辞最多、品种最全、范围最广的歌辞总编，体现了半个多世纪敦煌歌辞的研究成果。周绍良、白化文、李鼎霞合编的《敦煌变文集补编》，收录了《敦煌变文集》出版后新发现的变文 15 篇，既有录文，又有原件照片，后面还附有俗字表；黄征、张涌泉的《敦煌变文校注》是敦煌变文校注方面的集大成著作。

1986 年，书目文献出版社出版了唐耕耦、陆宏基所编《敦煌社会经济文献真迹释录》（以下简称《释录》）第一辑，1990 年，全国图书馆文献缩微复制中心又出版了该书的第二至五辑。由于编者唐耕耦先生是历史学出身，又以研究唐代社会经济而著名，因此《释录》是敦煌社会经济文献整理、刊布的集大成著作。编者从英、法、俄、日等国及我国收藏的敦煌文献中，将有关社会经济方面的资料辑出，按类编排，分成五辑，用原件的照片与录文对照，兼附前人研究原件的论著出处，图文并茂，极便于敦煌学者之利用。

唐耕耦、陆宏基编
《敦煌社会经济文献真迹释录》

《释录》是迄今为止敦煌文献整理方面有关社会经济文书收录最丰富的一部文献集，它包括地志、族志、籍帐、社邑、牒、状、邈真赞、书仪等34类，释录文书1664件。既收录了籍帐、契据、土地、赋税、财政、寺院经济等经济资料，也收录了一些虽不属经济但又与经济相关的文书，如告身、表、书、律、令、格、式等，这些社会历史文献都是敦煌世俗文献中最重要的。同时，《释录》对每件文书都做了定名或拟题，按性质分类，每类中再分为若干细目，按年代先后排列。尤其是作者对每件文书都作了详细的辨识录文，并采用上图下文的方式，尽可能提供文书原件的图版与录文的对比阅读。这在《英藏敦煌文献》《俄藏敦煌文献》《法藏敦煌西域文献》和《中国国家图书馆藏敦煌文献》都还没有提上议事日程的80年代，就显得更加珍贵、更加难得了。由此改变了国内绝大多数学者看不到原卷图片的困惑，对推动敦煌社会经济文书的整理研究和魏晋隋唐史研究发挥了重要作用。

此外，《甘肃藏敦煌文献》由甘肃藏敦煌文献编委会、甘肃省文物局等单位编纂，甘肃人民出版社于1999年出版。

《甘肃藏敦煌文献》全面系统地刊布了甘肃全省各单位收藏的敦煌遗书700余号，真实完整地展示了甘藏敦煌文献的全貌。

《甘肃藏敦煌文献》共6卷：第1卷为《敦煌研究院藏敦煌文献（上）》，第2卷为《敦煌研究院藏敦煌文献（下）》和《酒泉市博物馆藏敦煌文献》，第3卷包括《甘肃省图书馆藏敦煌文献》《西北师范大学藏敦煌文献》《永登县博物馆藏敦煌文献》《甘肃中医学院藏敦煌文献》和《张掖市博物馆藏敦煌文献》，第4卷为《甘肃省博物馆藏敦煌文献（上）》，第5卷为《甘肃省博物馆藏敦煌文献（下）》，第6卷包括《敦煌市博物馆藏敦煌文献》《定西县博物馆藏敦煌文献》和《高台县博物馆藏敦煌文献》。

《浙藏敦煌遗书》一册也于2000年由浙江教育出版社出版。

在各地刊布敦煌原卷图版的良好基础上，敦煌文献的整理更趋于专精，即分类校注。这一方面的典范当推《敦煌文献分类录校丛刊》，该《丛刊》由周绍良主编，共10卷12册，由江苏古籍出版社

《甘肃藏敦煌文献》

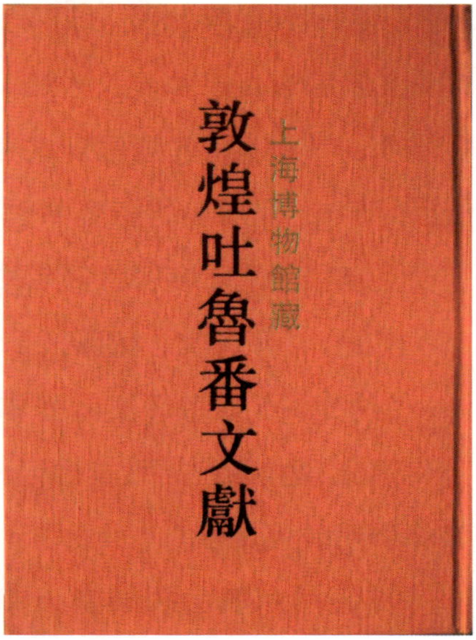

《上海博物馆藏敦煌吐鲁番文献》

《浙藏敦煌文献》

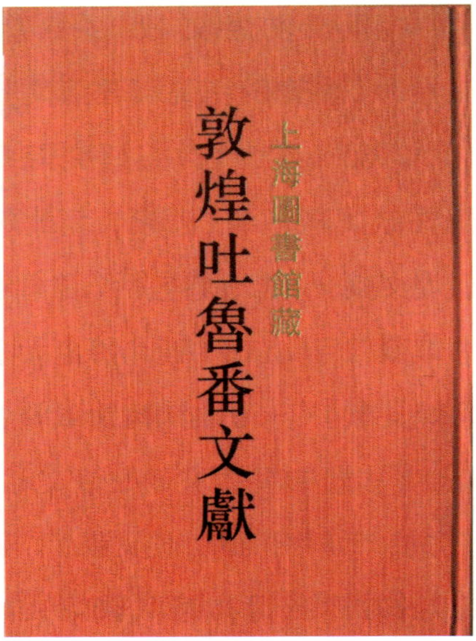

《上海图书馆藏敦煌吐鲁番文献》

于 1995—1998 年出版。即邓文宽《敦煌天文历法辑校》、张锡厚《敦煌赋汇》、宁可、郝春文《敦煌社邑文书辑校》、沙知《敦煌契约文书辑校》、马继兴《敦煌医药文献辑校》、方广锠《敦煌佛教经录辑校》（上、下）、周绍良、张涌泉、黄征《敦煌变文讲经文因缘辑校》（上、下）、赵和平《敦煌表状笺启书仪辑校》、王素、李方《敦煌〈论语集解〉校证》、邓文宽、荣新江《敦博本禅籍录校》。

《丛刊》所收每篇文献基本包括四项内容，即定性、定名、定年；原件录文；题解或说明；校勘记。每辑之后附有“主要论著参考书目”和该辑所用敦煌文献“卷号索引”，便于读者查阅。

《丛刊》每辑的校录者，都是敦煌文献整理、研究的专家（起码也是他校辑的这一方面的专家），是国内从事这一工作的最佳人选，从而也就保证了辑校工作的质量。

正在进行的《英藏敦煌社会历史文献释录》是郝春文教授主编的大型文献释录。在已经有了英、法、俄藏图录集和《敦煌文献分类录校丛刊》的情况下，为什么还要出版没有图版、只有文字释录的《英藏敦煌社会历史文献释录》？其主要原因是：第一，由于敦煌文献的内容复杂，不少文书目前还难以进行分类和归类，因此，分类校录本不能反映敦煌文献的全貌；第二，由于大多数分类校录本的作者都是依据目录调查某一类文献，而现有的各种目录又不完备，因而分类校录本对所需的文献很难搜集齐全；第三，分类校录容易忽略

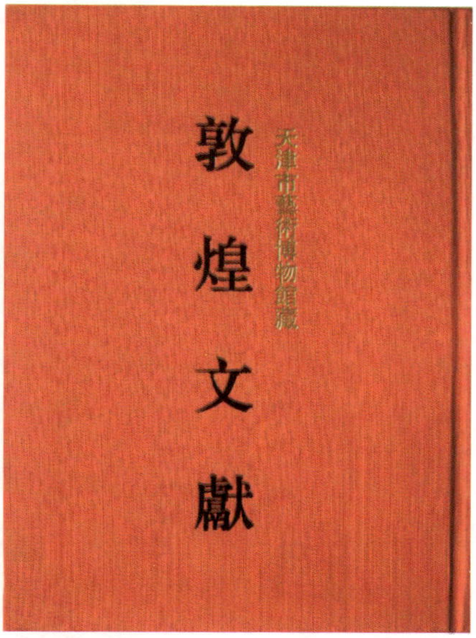

《天津市艺术博物馆藏敦煌文献》

《敦煌文献分类录校丛刊》

部分已出版的国内外收藏的敦煌文献图书

各类文书之间、各个专题之间的联系，不利于对敦煌文献进行综合、宏观的研究。正是由于考虑到这些因素，郝春文教授就按英国图书馆藏流水号，依次对每件敦煌汉文社会历史文献进行释录。每件文书一般都包括标题、释文、说明、校记和参考文献几个部分。全书计划 30 卷，现已出版 16 卷（其中第一卷由科学出版社出版，从第二卷开始，改由社会科学文献出版社出版。2018 年，社会科学文献出版社出版了第一卷的修订本），包括 S.00001 到 S.3663 号的全部敦煌汉文社会历史文献。

敦煌艺术的探索

1937年日军发动侵华战争后，随着日本侵略者的一步步紧逼，国民政府也在一步步后退，先是从南京退居武汉，后又从武汉进一步退居重庆。相应地，沦陷区的大学和研究机构也纷纷转入西部，以前不大为人关注的西南，则成了各种文化人和知识分子汇聚的地方。随着政府重心的西移，以兰州为中心的西北就成了抗战的大后方，自然就引起了各方面的关注。开发西北、建设西北就成了时人关心的新课题。要开发西北、建设西北，首先就要了解西北，而要了解西北，就需要考察西北。正是在这样的大背景下，从40年代初开始，由政府有关部门或学术机构组成的各种考察团便开赴西北。

在此之前，学术界对敦煌的关注及对敦煌学的研究，主要是藏经洞文书。而这一阶段，不论是由官方组织的考察团，如“西北艺术文物考察团”“西北史地考察团”，还是官员、个人的考察、视察或朝圣，如于右任、张大千等，乃至奉命筹备敦煌艺术研究所的常书鸿及其追随者，基本上都是以艺术见长，他们关注的也主要是石窟保护和壁画艺术。

正是由于他们的关注及考察，尤其是临摹的敦煌壁画在全国各地的展出，向世人宣传了敦煌，也使世人了解了敦煌艺术的博大精深。而他们在那种艰难困苦的条件下，对敦煌艺术的探索、临摹、展览、宣传，对敦煌石窟的保护，是我们应该永远铭记在心的。

王子云的敦煌考察

王子云（1897—1990），安徽萧县人，生前系西安美术学院教授、陕西美协名誉主席。早年毕业于江苏省立第七师范学校，后肄业于上海美术学校和北京美术专科学校，1930 年底至 1937 年初在法国留学并游历欧洲。1937 年回国后，被聘为国立杭州艺术专科学校教授。抗战爆发后随杭州艺专流亡西南各地，1939 年到达重庆。因他曾经帮助欧洲著名雕塑家朗多维斯基完成南京中山陵国父坐像，又是著名雕塑家刘开渠小学时期的老师，在国内雕塑界为一时之选，便应聘设计重庆抗日无名英雄纪念碑。由于敌机狂轰滥炸，

西北艺术文物考察团团长王子云

西北艺术文物考察团全体合影（左一为何正璜、左二为王子云）

工程无法继续。而由于日寇入侵，使沦陷区的山西大同石窟、河北涿县白带山石窟、辽宁义县万佛堂石窟等惨遭破坏。而其他还未沦陷地区的中国古迹文物又面临着灭顶之灾。因此，王子云毅然于 1940 年 5 月向国民政府教育部上呈报告，建议迅速组建艺术文物考察团奔赴西北，以摄影、临摹、拓印、复制、测绘、记录等方式，抢救收集尚未被日军占领地区的古代艺术文物。

1940 年 8 月，国民政府正式组建“艺术文物考察团”，直属教育部领导（因此被称为“教育部艺术文物考察团”），聘任王子云为团长，成员主要由沦陷区撤退来重庆的美术教员和重庆国立艺专即将毕业的优秀生组成。考察团的任务是考察陕西西汉、唐帝陵及宗教寺院，甘肃敦煌石窟、安西万佛峡石窟，青海佛教寺院等西北古代历史文化遗迹、古代艺术品和社会民俗。由于该考察团的主要工作基本上都在西北地区的陕、甘、青三省，因此又被称为“西北艺术文物考察团”。

考察团开始组建时，其考察对象虽然有敦煌石窟，但显然不是重点和首选。后来还是于右任的建议，才将敦煌列为主要的考察任务，正如王子云在《从长安到雅典》中说:“1941 年，于右任从西北视察回来后，对我们说敦煌莫高窟是我国最大的艺术宝窟，藏有许多古代的壁画和彩塑珍品，要我们去看看，调查调查。于是由当时政府的有关单位主持，组织了一个共有十多个人参加的考察团，其中包括历史、考古、美术等各方面的专家，由我担任团长。我们于 1941 年冬从西安出发，到敦煌时，张大千先生早已在敦煌莫高窟工作半年了。”（王子云的回忆，虽然有时间上的不十分准确处，但大体上是当时实际的情况）

考察团从 1940 年 12 月开始到 1945 年初结束，历时近五年，辗转奔波于川、陕、豫、甘、青的大部分地区，在非常艰苦的环境下，进行了一系列科学考察和研究，并作了一些力所能及的保护工作，取得了丰硕的成果。

原计划的考察范围，本来不包括河南洛阳，但由于洛阳也属于佛教石窟雕刻，再加上离西安不远，为了多了解其与敦煌千佛洞的不同并作比较研究，考察团就在去敦煌之前先到洛阳龙门进行了调查。

20 世纪 40 年代，由内地到敦煌，路途是非常艰苦的，从兰州去敦煌，先坐汽车经河西走廊，即经武威、张掖、酒泉。酒泉到安西约 280 公里，需专雇畜力车走三天;安西到敦煌 180 公里，连畜力车也难通行，只能坐农家的木轮牛车，在这样一段行程里，有三个休息站，都是在沙窝里搭的小草棚。

王子云率领的“西北艺术文物考察团”共有 12 人，前后近五年。1941 年 10 月到达敦煌莫高窟的只有 3 人，这主要是由于经费的限制，“其他的团员有的留在西安继续未完成的工作，有的留在兰州听候调遣”。考察团从 1941 年 10 月到 1943 年春，在莫高窟断断续续工作了两年半，有时是 4 人，有时则只有 2 人。

虽然考察团在敦煌的时间不长，人数又少，但仍然取得了巨大的成绩：

第一，王子云绘制了莫高窟全景写生图。该图长 5.5 米，宽 0.233 米，是采用艺术和写实相结合的手法绘制的，它既是一幅优美的莫高窟外貌风景画，极具观赏价值，又是一幅莫高窟实位勘测图，具有很高的学术史价值。1998 年，在陕西省举行的王子云教授诞辰百年纪念会上，向与会者展示了这件作品。王子云先生去世之后，其夫人何正璜遵其遗嘱将此图捐献给了敦煌研究院。

第二，拍摄了一些珍贵照片。在考察过程中，考察团一路拍摄了许多照片，其中在莫高窟拍摄的照片就有 120 多张。由于时光的流逝，这些照片已成了莫高窟历史形象的珍贵记录。90 年代，根据王子云先生生前提供的线索，在西北大学文博资料室发现了《教育部艺术文物考察团西北摄影集选》10 辑，每辑 1 册，每册约 50 页，每页的上半部是粘贴的照片，下半部是文字说明。其中第 7 辑是《敦煌千佛洞壁画》，第 8 辑是《敦煌及其它壁画集》，收集敦煌照片 83 张。在第 1 辑的《史迹名胜集》中，还有鸣沙山下的月牙泉全景，由此使我们看到了月牙泉自然变迁的直观资料。

西北艺术文物考察团从安西赴敦煌途中

第三，撰写了莫高窟现状调查报告。考察团成员、王子云先生的夫人何正璜女士1942年撰写的《敦煌莫高窟现存佛窟概况之调查》（发表于1943年出版的《说文月刊》第3卷10期“西北专号”），是实地考察莫高窟，利用第一手资料撰写的我国第一份莫高窟内容总录。它比较系统地对莫高窟的沿革历史及洞窟形式等问题进行了梳理与整合，并根据文献和实物资料，粗分了洞窟的类型，探讨了石窟形制的特点和艺术风格。由于是第一个莫高窟内容总录，虽然还有不完备，甚至在今天看来不准确之处，但仍有重要的参考价值，如在“洞窟之编号”一节中说：“就莫高窟悬崖现存之佛窟，可分为南北二段，总计不下五六百窟，惟北段各窟除一二魏窟及元代欢喜佛洞以外，余多空无所有，因此历来调查者多仅就南段佛窟编号。”如伯希和、张大千都是如此。北区的编号是20世纪90年代考古的新收获。

另外，考察团还临摹了一部分壁画。由于考察团的经费紧张，使用的颜料、画布都不是太好（与当时同在莫高窟临摹壁画的张大千相比）。他们临摹壁画是从文物的角度出发，即壁画当时是什么样子就画成什么样子（这也是与张大千相比，因为张大千临摹敦煌壁画，把颜色都复原了，画出来就与新的一样，非常鲜艳，甚至将壁画上不大好的地方都能改好）。

考察团的成果很快就以展览的形式向社会公布，在考察过程中，曾在1941—1944年分别在西安、兰州、重庆等地举办过展览，考察团成员王子云、何正璜、雷震、卢善群、邹道龙等还举办过不同形式的个人展览。如完成敦煌的工作后，就先在兰州举办了成果展，又于1943年元月在重庆举办了第一次敦煌艺术展览。由于参观者太多，拥挤得无法继续进行，教育部又决定在中央图书馆单独展览一周，有三万人参观。

敦煌的考察结束后，考察团又对甘肃河西走廊诸石窟、甘南拉卜

王子云等人测绘的敦煌千佛洞全景图卷（局部）

楞寺、兰州、西安等地进行了考察。1944 年，由于货币贬值，考察团经费实在困难，无法继续维持，便报请政府要求解散。1945 年初，“西北艺术文物考察团”撤消。经协商，教育部指令由西北大学处理善后工作。这主要是因为此时徐朗秋（与王子云是师范学校同学）任西北大学教务长，而老乡刘季洪又是西北大学校长，萧一山为西北大学文学院长。这样，西北大学就成立了西北文物研究室，由王子云先生任主任并兼历史系教授，继续从事西北历史文物和敦煌石窟的研究工作。考察团收集的文物和资料也交给了西北大学。

敦煌艺术研究所的成立，是敦煌学史上重大事件。但成立敦煌艺术研究所的建议，是谁最先提出来的？目前所能见到的文字只有于右任 1941 年 12 月 15 日的“提议”，作为国民政府大员的于右任，对于在敦煌设立研究机关显然胸有成竹。可以说，最后决策此事和于右任有直接关系。当时的筹备委员会主任也不是常书鸿，而是国民政府监察院甘宁青监察使高一涵（于右任当时任国民政府监察院长），这也可以说明于右任的影响。当时发表的名单中，张大千、王子云、常书鸿都是委员，1943 年 2 月 11 日，敦煌艺术研究所筹备委员会举行第一次会议，张大千和王子云都没有出席，也没有参加研究所以后的活动。王子云对常书鸿任职只有一句评价，即“常一直是画西洋油画的专业者”，言下之意，对雕塑艺术还是外行，由他“来筹备这样的工作似乎没有道理的”。

或曰，在于右任“提议”之前，教育部对敦煌的考察和机构设置已经在筹划进行之中。因“西北艺术文物考察团”早在 1940 年 8 月就成立。当时决定此事的是教育部部长陈立夫和社会教育司长陈礼江，而

王子云与夫人何正璜 1941 年在考察途中

为王子云递呈报告的是王子云当年的师范学校同学徐朗秋，其时正在社会教育司做科员，官不大，但是很能办事，以后做了西北大学教务长。他在 1955 年的“交代”里说：王子云和当时教育部上层无一人相识，被任命为考察团团长，就是因为陈立夫和陈礼江“口袋里没有这样的专业人才”。考察团成立之初，敦煌就是最重要的目标，而进行了一年多时间的内地考察，也等于是为敦煌考察练兵，提出成立研究机构的建议，正在考察团分内。虽然现在找不到王子云“建议”的文字，但他从事此项工作之初，便招收的是艺术专科学校的毕业生，其工作方式，与于右任“建议”所云“招收大学艺术学生，就地研习，寓保管于研究之中”本趋一致。显然，对敦煌艺术研究所的考虑，考察团成立之初，便为题中之义。

关于研究所的成立，王子云在《从长安到雅典——中外美术考古游记》回忆：考察团“到敦煌后不久，即

王子云绘制的鸣沙山、三危山长卷外景图（局部）。这幅作品长 2 米、高 3.3 米，真实、完整地再现了 20 世纪 40 年代敦煌莫高窟周边的地貌情景，具有较高的历史价值

致函重庆教育部，建议设立敦煌艺术研究所，并列出具体计划。建议书寄到重庆，恰在此时，重庆国民党教育部为了安置一些因抗战流亡的艺术界人士，特设立一个闲散机构艺术教育委员会，油画家常书鸿在这个委员会当秘书。我们的建议当然先送艺术教育委员会，于是不仅批准，而且常自告奋勇，愿意远去边塞，筹备研究所的成立”。筹备委员会由常书鸿任副主任，王子云任秘书。王子云认为常书鸿是个专业油画家，让他来主持敦煌研究不甚合理，于是不肯居常之下，没有参加敦煌研究所的工作。

敦煌考察中的向达

向达（1900—1966）先生，字觉明，笔名方回，1919 年考入南京高等师范学校。1930 年，任北平图书馆编纂委员会委员，利用馆藏丰富文献，着重于敦煌俗文学和中西文化交流等领域的研究。1935 年秋赴欧洲，在伦敦、巴黎、柏林等地阅读敦煌吐鲁番文献。1938 年回国后，先后任浙江大学、西南联合大学教授。抗日战争胜利后，任北京大学历史系教授兼掌北大图书馆。建国后，任北京大学历史系教授、图书馆馆长，中国科学院哲学社会科学部委员，历史研究所第二所副所长等。《唐代长安与西域文明》是其学术代表作，奠定了其在学术界的地位。另外还有《大唐西域记古本三种》、《中西交通史》、《敦煌变文集》（合编）等，译有《斯坦因西域考古记》等。

作为著名敦煌学家的向达，在敦煌学上的贡献是多方面的，下面仅对 20 世纪 40 年代向达先生从事敦煌考察的成就作一简述。

1. 第一次敦煌考察

据向达先生《西征小记》记述："三十一年（1942）春，国立中央研究院有西北史地考察团之组织。考察范围为甘肃、宁夏、青海三省，其用意于纯粹的学术研究外，盖亦思以其所得供当时从事西北建设者之参考。"由此可见，当时的学术考察，也有一定的现实目的，即在抗战的艰难时期，想开发大后方，为现实服务。

向达（1900—1966）

1942 年 4 月中旬，中央研究院"西北史地考察团"即在重庆组建：西北农学院院长辛树炽任团长，中国地理研究所所长李承三任总干事，西南联合大学教授向达受中央研究院史语所和中央博物院筹备处的聘任担任历史组主任，李承三兼任地理组主任，同济大学教授吴静禅任植物组主任，中央研究院历史语言研究所劳榦为历史组组员兼文书，史语所的石璋如为历史组组员兼会计，地理所的周廷儒为地理组组员兼事务。5 月 4 日，全团成员到达兰州后，各组分别进行工作。而向达先生由于当时正在昆明的西南联大任教，并要赴重庆安排家属等，故迟至 10 月 9 日才到敦煌。正如《西征小记》所述："余应研究院之约，奉校命参加考察。以滇西变起仓卒，交通艰阻，迟至八月方克入川。九月下旬自渝抵兰，十月初西行，经武威、张掖、酒泉，出嘉峪关以抵敦煌。"

9 日中午到达敦煌后，向达先生即于下午 4 时启程赴莫高窟，晚 8 时到达后住于中寺。从此在敦煌一带考察生活达九个多月。《西征小记》记其事曰："余于三十一年十月九日午抵敦煌，下午即去千佛洞，住其间者凡九阅月。中于同年十月中旬至南湖一访阳关遗址，三十二年三月旬往游大方盘、小方盘，探玉关之胜迹，访河仓之旧城。其年四月复自敦煌至南湖，由南湖北行越中戈壁以至西湖，再访玉关，然后东行以归敦煌。五月至安西，礼万佛侠诸窟，历时一周，复返千佛洞。七月遂东归返川。以在敦煌历时稍久，见闻较多。"

向达先生到达千佛洞的第二天（10 日），就与西北史地考察团地理组成员、教育部艺术文物考察团（即王子云率领的考察团）成员以及张大千会面，并由艺术文物考察团的卢善群导游，游览了莫高窟。

随后，向达就赴南湖一带考察，他考察了西千佛洞、寿昌城遗址、古董滩、阳关等地。23 日回到莫高窟后，即潜心于洞窟考察，同时还做详细的记录。到了 11 月初，向达已对莫高窟的三分之一洞窟做了

西北史地考察团由兰州赴敦煌途中

详细考察。有感于张大千一行任意勾勒、剥离壁画，他用三天的时间，写成了在敦煌学和莫高窟历史上有重大影响的《论敦煌千佛洞的管理研究以及其他连带的几个问题》，建议将千佛洞收归国有，由学术机构管理。他将此文寄给傅斯年，请其推荐发表。该文经傅斯年推荐，以“方回”为笔名，在《大公报》1942 年 12 月 27—30 日连载刊登。

在撰写和寄送《论敦煌千佛洞的管理研究以及其他连带的几个问题》一文的同时，向达还给史语所的傅斯年、李济、中央博物馆的曾昭燏写信，既汇报西行考察情况，又谈及张大千破坏壁画及千佛洞保护问题。在致曾昭燏的信中向达写道：“最近骝先先生（教育部部长朱

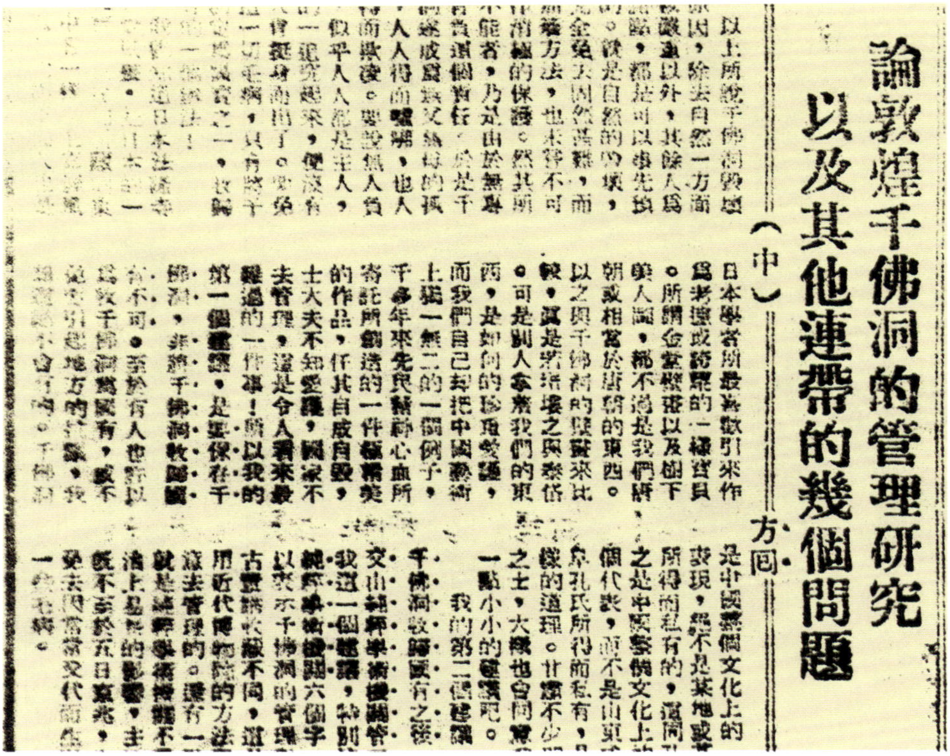
論敦煌千佛洞的管理研究以及其他連帶的幾個問題
（中）
方回

1943 年，向达发表在《大公报》的文章

家骅）来电，嘱暂留此，不必亟返，西北工作，尚待继续，正拟明年计划云云。达拟在此再留三月，将千佛洞逐窟作一详细记录，于每一窟之壁画塑像名目、保存情形、前人题记等一一备录，整理蒇事，往安西万佛侠一游，再访布隆吉遗存洞窟，然后东归酒泉，以待后命。”在给李济、傅斯年的信中也说：“目前计划，拟普看三遍，将各窟壁画、塑像保存情形，供养人题记诸项，逐窟详予记录。”

随后，向达对莫高窟诸窟进行了比较详细的考察，又对敦煌周围各地如西北长城沿线的大方盘城（河仓城）、小方盘城（玉门关）等进

向达等著《敦煌》，1951 年学习书店出版

1942 年，石璋如和劳榦在莫高窟

行了考察，抄写了一些当时能在敦煌见到的文书。

7 月初从敦煌东归，20 日到兰州，26 日赴重庆，结束了第一次敦煌考察。

向达的第一次敦煌考察，固然有巨大的成绩，但也有许多的无奈。在向达看来，他参加考察团，乃是代表北京大学，而考察的组织者是中央研究院和中央博物馆，只有历史组是与北大合作，而北大也只有向达一人参加，再加上当时可能没有形成文字的协议，而向达又由于诸事迟到约 4 个月。在考察团及历史组诸位心中，就有意或无意地将向达没有看成考察的成员。1943 年 3 月 5 日向达在致曾昭燏的信中就提到了这一点："所不幸者，西北史地考察团之组织，虽出自研究院与博物院，而历史组则为两者与北大合作之事业。而达之来，亦为代表学校，并非以个人资格参加，此种情形，最少北大方面，有此谅解。惜呼考察团自组织以至出发，于此点未尝正式声明；历史、考古两组中人，于此中经过，尤其未能明了。”

另外，当向达于1942年到达敦煌时，张大千一行和王子云率领的教育部“西北艺术文物考察团”也在千佛洞。张大千等人居住在莫高窟上寺，向达住在上寺隔壁的中寺，王子云一行则住在稍微远一些的下寺。

从现有资料看来，向达与王子云率领的“西北艺术文物考察团”的关系比较融洽，而与张大千一行的关系则比较紧张，其原因可能与前述向达对敦煌艺术的看法，尤其是在《大公报》发表的文章有关。

当傅斯年将向达的《论敦煌千佛洞的管理研究以及其他连带的几个问题》交《大公报》发表时，虽然用了“方回”的笔名，但从文章的内容，尤其是傅斯年在按语中所说“此君乃今日史学界之权威，其研究中外交通，遍观各国所藏敦煌遗物，尤称独步”的话中，人们不难知道作者是谁。当张大千得知此事后，双方的关系就开始紧张起来，有的朋友甚至为向达的安全考虑。向达的文章发表不久，甘肃省政府主席谷正伦就在3月中下旬致电敦煌县长：“张君大千，久留敦煌，中央各方，颇有烦言。敕转告张君大千，对于壁画，勿稍污损，免滋误会。”

2. 第二次考察

1943年，中央研究院史语所、中央博物馆筹备处、中国地理研究所与北京大学文科研究所又组织了“西北科学考察团”。史语所派夏鼐参加，中国地理研究所派李承三、周廷儒参加，北大文科研究所派向达、阎文儒参加。这次组建“西北科学考察团”的目的，和上次一样，除了纯粹的学术研究外，主要是为当时的西北建设服务，以考察“所得供从事西北建设者之参考”，因此，除了历史考古组外，还有地理组、地质组、矿产组、动物组、植物组等。

考古学家夏鼐（1910—1985）

早在第一次考察时，向达就曾极力推荐夏鼐为第二次敦煌考察的负责人，但“西北科学考察团”任命向达为考古组组长，夏鼐、阎文儒为成员。夏鼐虽然是考古学科班出身，但他对向达的道德文章非常敬佩，而阎文儒（述祖）又是向达在北大文科研究所的研究生。正是因为有这样的关系，所以他们三人的合作是很愉快的。

考察组原计划 1943 年 9 月出发，临行前由于夏鼐先生生病而不得不推迟了半年。1944 年 3 月 21 日，向达由重庆飞抵兰州，夏鼐乘下一航班于 4 月 4 日抵兰（由于飞机座位有限的缘故），开始了考古组的工作。17 日，向达、夏鼐即赴河西考察，5 月 12 日，考察团另一成员阎文儒赶到，他们在酒泉汇合。14 日，又从酒泉启程西行，经玉门到安西，19 日早晨抵敦煌，22 日参观千佛洞，30 日移住佛爷庙工作站，31 日开始发掘魏晋墓葬。

第二次敦煌考察，向达的时间更少，只有 4 个多月。当佛爷庙西区墓地的发掘工作结束后，向达即于 10 月 19 日启程东归。31 日，夏鼐、阎文儒由敦煌前往西北汉长城遗址考察，发掘了小方盘城北的汉代遗址和大方盘城东南土台，获得汉代简牍若干及晋泰始十一年乐生

考古学家阎文儒（1912—1994）

题记石。12月6日，夏鼐、阎文儒赴安西、酒泉考察。1945年2月17日回到兰州，随后又曾到武威、民勤、张掖等地发掘考察。

第二次敦煌考察，除了对阳关、玉门关、河仓城等著名遗址的考察外，还在墓葬的发掘方面做出了成绩。向达在《西征小记》中曾说："三十一年冬始至敦煌，即闻人言佛爷庙至千佛洞中途戈壁上有砾石堆甚多，疑是古代墓葬遗址。""就其形式观之，与斯坦因、黄仲良（文弼）诸人在高昌所发掘之六朝以及隋、唐古墓绝相类似，则其为古代之墓葬群，盖无可疑也。"在1943年1月13日致曾昭燏信中，向达先生说："近在千佛洞至敦煌中途戈壁上，见到古代墓葬群百余，大都作长方形……达以为此是唐代沙州人墓地，毫无可疑。盖唐代沙州，距千佛洞二十五里，在其西北，适当今敦煌人称为佛爷庙之地，至今其地废基颓垣，弥望皆是，迤逦长达数里。按诸距千佛洞里数、方位，俱甚相合，而墓葬群即在古沙州东南约五里，南为鸣沙山，不能营葬地，则此必是墓地也。"

向达的这种推论，就被考古组1944年的发掘所证实。

1944年6月30日至7月11日，向达、夏鼐、阎文儒在敦煌城东约9公里的老爷庙发掘了一墓葬，其墓门内两侧站立着一对高1.2米的武士像，在武士像稍后的右首，站立着一对骆驼，高达0.85米，各有一个驼夫牵引。再向后就是放置木棺的平台，台前排立着大批的小陶俑，共 41 件。这些马夫和驼夫，都身穿大翻领的狭袖短大衣，足穿长统的黑靴子。其中的两个不仅穿胡服，而且高鼻圆目，发辫盘在头上，可能血统也是胡人。此外，还有带金箔的铜片、开元通宝钱、玻璃细条和玻璃珠等。从其内容判断，它是盛唐时代的墓葬。

科学考察结束后，考察团成员利用历史考古所得，撰写了丰富的研究成果，如向达先生的《西征小记》《两关杂考》《莫高、榆林二窟杂考》《罗叔言〈补唐书张义潮传〉补正》《记敦煌石室出晋天福十年写本寿昌县地境》，夏鼐先生的《新获之敦煌汉简》《玉门关发掘新获的汉简》《武威唐代吐谷浑慕容氏墓志》《敦煌考古漫记》，阎文儒先生的《河西考古杂记》等。

而向达先生发表的《论敦煌千佛洞的管理研究及其连带的几个问题》，在敦煌学史上占有非常重要的地位。他关于保护千佛洞的建议，

西北科学考察团历史考古组在佛爷庙进行考古测量

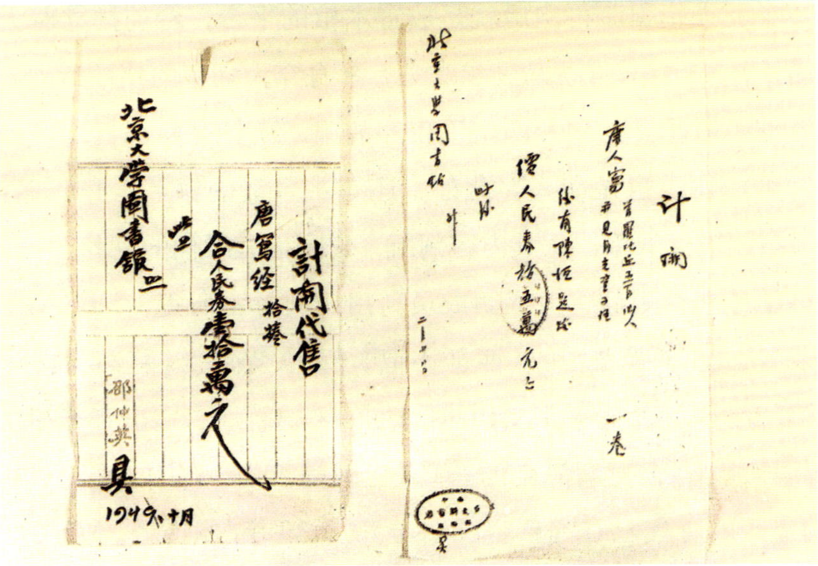

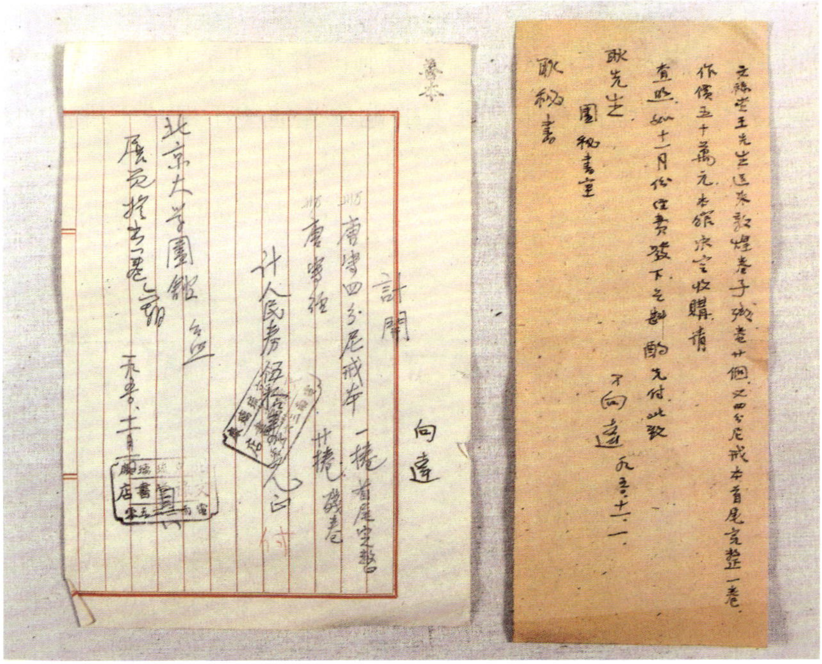

北京大学图书馆 20 世纪 50 年代购买敦煌文献的收据及向达先生的信函

对促进“敦煌艺术研究所”的设立起了重要作用。

面壁敦煌的张大千

西北有深厚的文化底蕴，敦煌的艺术世界闻名。因此，在抗日战争时期各方关注西北的浪潮中，敦煌也就为世人所瞩目。张大千也正是在这种背景下赴敦煌的。

抗日战争开始时，张大千住在北平。1938 年初夏，在朋友们的帮助下，张大千携家属离开北平，绕道上海、香港、广西、贵州，于同年秋天到达成都。在成都时，曾担任过甘宁青监察使的严敬斋向张大千多次谈到敦煌石窟艺术。在此之前，张大千已经听说过敦煌，还亲眼见过零散的敦煌写经和绢画。在北平时，他与发起组织“敦煌经籍辑存会”的书画家叶恭绰交往密切。在抗日战争炮火中的成都，张大千无事可做，当听到严敬斋多次谈到敦煌艺术时，他的心动了。他查阅了有关敦煌的资料后，于 1940 年秋决定:西出嘉峪关，前往敦煌。

当张大千行至广元，正欲动身前往甘肃麦积山时，传来了噩耗——为抗日赈灾回国才半个月的二哥张善子，因劳累过度、旧病复发，于 10 月 20 日在重庆去世。张大千仓促回重庆奔丧。同年底，张大千的长子张心亮因病在西安去世，年仅 18 岁。张大千“方哭兄逝，又哭子亡，此等刺激真非寻常人所能受者”。第一次敦煌之行就这样流产了。

1941 年 5 月，张大千带着夫人杨宛君、次子张心智再赴敦煌。

在当时那种艰难困苦的条件下，张大千义无反顾地去敦煌，是有多种原因的，除了敦煌作为艺术宝库的吸引外，还有张大千个人要通

张大千在莫高窟住地上寺门前逗玩喂养的黄鸭（1941 年春）

过敦煌探求中国艺术的源流。另外还有一个原因，就是张大千听从叶恭绰的建议，为改变画风去敦煌学习技法。叶恭绰素赏张大千的画，曾力劝张大千弃山水花竹专攻人物，以刷新我国人物画的颓风。

当时的西北，当时的河西、当时的敦煌，其自然、气候、交通、物产等各方面都是比较差的，曾有“一出嘉峪关，两眼泪不干，前看戈壁滩，后望鬼门关”之说。当 1941 年张大千一行到达嘉峪关时，曾对随行的人说:在成都出发以前，就有人介绍了西北的艰苦情况，还特别说到河西走廊和关外（嘉峪关以西），说路上吃的是凉水拌炒面，有时没有水喝，实在不行，还要啃西瓜皮，甚至喝马尿。我们现在的条件应该说是比较好的，起码还不至于喝马尿，但要准备吃苦。《西游记》里的唐僧带着他的三个徒弟，历尽千辛万苦才到西方取经，我们到敦煌来，也是为了取“经”，不过这是取艺术上的“经”。我们的条件比唐僧好多了，吃的苦也比唐僧差远了。

到达莫高窟的前三天，张大千一直陪同范振绪参观石窟。范振绪离开后，就开始了考察和记录。由于许多壁画需要拷贝把画稿描下来，因此，很多地方就要先搭上梯子，高处要用绳子把两架梯子连接在一起，有时还需要两副梯子并排而立，一架梯子由张大千记录，一架由别人提着马灯照明。这样工作起来，既慢又危险，张大千就请来了两位油工师傅——窦占彪和李复（他们二人解放后都在敦煌文物研究所工作），城里驻军的马团长也派来了几名士兵帮忙，这样就加快了速度。

记录工作进行了四五个月后，张大千对敦煌石窟已有了大致的了解，这时，他改变了原计划，不想马上回成都了，而且还请画家谢稚柳和学生刘力上、肖建初也来敦煌从事壁画的临摹。

在临摹前，张大千为了记录的方便，还给洞窟重新编号。

在临摹壁画前，张大千还到青海请了藏族画师，并买了藏蓝（石青）、藏绿（石绿）、朱砂等矿质颜料。

在石窟里临摹壁画是比较困难的，当临摹大幅壁画的上面部分时，要一手提着煤油灯，一手拿着画笔趴在梯子上，上下仔细观察，看清楚一点就在画布上画一点。而临摹洞窟底部的画面时，就要铺着羊毛毡或油布趴在地上勾线、着色，这样不到一个小时，脖子和手臂就酸得抬不起来。

敦煌的冬天是特别寒冷的，莫高窟的绝大多数洞窟都没有窟门，而一些小窟离洞外又很近，最冷的时候，会滴水成冰，而要临摹一幅壁画，就要在一堵墙壁的某一位置连续工作较长时间，尽管他们身穿老羊皮大衣，但仍然冻得非常难受。有时刚把颜色着在画布上，就被冻住了。张大千也常常是一头砂土，满身颜料，他曾打趣地说："我们简直就跟犯人一样，跑到这里来受徒刑，而且还是心甘情愿！"

从1941年6月到敦煌，1943年10月离开，在两年多的时间，张大千除给莫高窟、榆林窟、西千佛洞等编号、记录，写了20多万字的学术著作《敦煌石室记》（初稿）外，主要是临摹了敦煌壁画276幅，他为调查、临摹、保护、研究、宣传敦煌艺术付出了极大的努力和无数的心血。正如叶浅予在《张大千临摹敦煌壁画画册序》中所说："作为一个在艺术上已有很大成就的画家，为了追寻六朝隋唐遗迹，不避艰辛，投荒面壁将近三载，去完成只有国家财力才能做到的事，他的大胆行动已超出个人做学问的范围。尽管后来国家组织了敦煌艺术研究所，为保护石窟和艺术研究作了大量工作，但不能不承认张大千在这个事业上富于想象力的贡献及其先行者的地位。"

张大千在敦煌取得巨大的成绩，其原因是多方面的。除了他本人的艺术素养外，还有三个有利的条件：即人多，力量集中；有从青海请来的藏族画师协助；得到了西北各方面，尤其是敦煌各界的支持。

由于张大千是有名的画家，其画在市场上很抢手，他在莫高窟时，经常是白天记录、临摹，晚上在所住的上寺作画，然后寄回成都出售，以维持在敦煌的庞大开支；各地官绅都相继求画，而大千一般也都是有求必应，再加上他和国民党元老、监察院长于右任有深交，和西北地方军政方面如甘肃省参议会副议长范振绪、青海省财政厅厅长魏兰芳等也有交往，同时还得到了青海的土皇帝马步芳、河西走廊驻军骑兵第五军军长、马步芳的哥哥马步青、马步青的女婿、骑兵第五军第五师师长马呈祥等人的帮助。由于有这样许多的因素，他和敦煌的地方长官及达官贵人均能处理好关系，因此他能得到各方面的关照，经济上也是很好的。当时同在敦煌的王子云、向达曾对此有记载，如王子云说:“我们这个由官方组织的考察团，经费却微乎其微。张大千虽是私人自费出来临摹，随行的人也不少，但比起我们，则要阔气得多了。”

张大千在莫高窟临摹壁画

张大千选择了敦煌，敦煌也成就了张大千。由于张大千临摹的敦煌壁画在许多城市展出，使国人知道了敦煌，了解了敦煌艺术。而张大千本人，也通过敦煌艺术迎来了自己的又一个艺术高峰，成了中国画坛的领袖人物。

张大千对敦煌石窟艺术的贡献是多方面的，首先是他临摹了大批壁画，并在全国各地展出，宣传了敦煌艺术。张大千在敦煌前后居住了近三年，临摹了200多幅壁画，在重庆、成都、兰州、上海等地都举办过展览，使敦煌艺术为大多数人所了解，甚至可以说，就是张大

张大千临摹榆林窟第 17 窟壁画

千开创了敦煌艺术的研究。因为在此之前，敦煌学研究重视的是藏经洞发现的文书，此后，敦煌艺术成了敦煌学研究的另一个重要方面。陈寅恪先生在看过张大千临摹的敦煌壁画展览后，专门写了其观感以推崇:“自敦煌宝藏发现以来，吾国人研究此历劫仅存之国宝者，止局于文籍之考证，至艺术方面，则犹有待。大千先生临摹北朝唐五代之壁画，介绍于世人，使得窥见此国宝之一斑，其成绩固已超出以前研究之范围，何况其天才特具，虽是临摹之本，兼有创造之功，实能于吾民族艺术上别辟一新境界，其为敦煌学领域中不朽之盛事，更无论矣。故欢喜赞叹，略缀数语，以告观者。”

其次，张大千还注意学习敦煌艺术遗产，他不仅继承，而且还能推陈出新，发扬光大。他除了临摹敦煌壁画外，还在临摹的同时，创造了新的手法从事绘画，如他用古代的绘画传统来表现现代题材，使人耳目一新，很受群众喜爱。正是通过敦煌壁画的临摹，使他的线描更加成熟了，在人物画方面也有了长足的进步和很大的发展，可以说，敦煌成就了张大千，敦煌壁画的临摹，使张大千成了一世界级的画家。

再次，张大千对敦煌壁画的临摹，尤其是在各地的展出，不仅宣传了敦煌艺术，而且还带动了敦煌艺术的研究。如段文杰就是在重庆看了画展后，才被吸引到敦煌来的;另如 1944 年在成都举办画展时，史苇湘还是四川艺专的一年级学生，正是看了画展，才使他对敦煌艺术产生了热爱，并义无反顾地去了敦煌。以段文杰、史苇湘为代表的一批以石窟艺术研究著称的敦煌学家，将自己的一生都献给了敦煌，如果没有张大千临摹的敦煌壁画展，他们的人生道路可能就是另外的一条。

另外，张大千还对敦煌艺术研究所的成立有促进作用。当洞窟编

张大千临摹《初唐大势至菩萨》

张大千临摹敦煌莫高窟《反弹琵琶图》

张大千于台北摩耶精舍“梅丘”巨石前

号开始不久，国民政府监察院院长于右任和甘宁青监察使高一涵在甘肃省军政官员的陪同下视察河西走廊来到敦煌。由于张大千和于右任有深交，相互来往、交谈也就随便多了，有次吃饭时，张大千半开玩笑半认真地说:我张大千是一个小小百姓，只是为了追求艺术事业而四处奔波;莫高窟是国宝，斯坦因、伯希和把许多好东西都偷、抢去了，你是政府要员，你有责任为保护我们的国宝说几句话啊！同时，张大千还向于右任建议，应该在莫高窟设立专门的研究机构。于右任表示:回到重庆后就向政府有关方面提出成立“敦煌艺术研究院”的设想。

于右任回重庆后，于 1941 年底向政府有关方面提交了《建议成立“敦煌艺术学院”案》，1942 年 1 月 12 日，国民政府行政院通过决议:设立敦煌艺术研究所，隶属教育部管理。1942 年 2 月，此建议案在《文史杂志》上全文发表。1943 年 1 月 18 日，公布了敦煌艺术研究所筹备委员会名单，共 7 人，高一涵为主任委员，常书鸿为副主任委员，王子云为秘书，张维、张大千、张庚由、窦景椿为筹委会委员。

由于各种原因，张大千没有参与敦煌艺术研究所的组建，但不可否认，他对敦煌艺术研究所的成立也是有贡献的，我们应该给予实事求是的评价。当然，还有张大千破坏敦煌艺术一说，此当另论。

常书鸿和“敦煌人”

这里所说的“敦煌人”，是指“文革”前到莫高窟，对敦煌石窟的保护、临摹、研究做出了贡献的人士。他们之中，有些可能一生都坚守在敦煌，既献了青春又献了子孙，有些只是短暂的停留;有些可能成了享誉国际学界的著名敦煌学专家，有些可能还名不见经传，只是默默耕耘在敦煌大沙漠中的普通人士。无论如何，凡是在过去那种艰难困苦的条件下工作在敦煌的“敦煌人”，都是值得我们景仰的。

常书鸿先生是“敦煌人”的代表，被誉为“敦煌守护神”，他将自

常书鸿（1904—1994）

己的一生都献给了敦煌。

一

1935年底，在法国巴黎留学的常书鸿，偶然在巴黎塞纳河畔的旧书摊上发现了伯希和的《敦煌石窟图录》，并由此看到，“拿远古的西洋文艺发展的早期历史与我们敦煌石窟艺术相比较，无论在时代上或在艺术表现技法上，敦煌艺术更显出先进的技术水平。这对于当时的我来说真是不可思议的奇迹。因为我是一个倾倒在西洋文化，而且曾非常自豪地以蒙巴拿斯的画家自居，言必称希腊、罗马的人，现在面对祖国如此悠久灿烂的文化历史，自责自己数典忘祖，真是惭愧之极，不知如何忏悔才是！”（常书鸿《九十春秋——敦煌五十年》，下同）。

因此常书鸿决心离开巴黎而来敦煌。1936 年秋天，常书鸿将妻子陈芝秀和女儿沙娜留在巴黎，只身向北平赶来。

当常书鸿决定去敦煌时，于右任先生曾对他说:“那里是沙漠，与城市隔绝，生活十分艰苦，如果是没有事业心的人到那里去，那是干不久也干不好的。”当时敦煌的艰辛，从去敦煌的路途上即可见一斑。

今天我们从兰州去敦煌，不论是乘飞机，还是坐火车、汽车，都是比较方便而迅速的，但在当时却是很艰难的。1943 年 2 月 20 日，常书鸿一行乘一敞篷卡车从兰州出发，经过整整一个月的旅行，于 3 月 20 日下午才到安西。从安西到敦煌，连破旧的公路都没有了，只能靠“沙漠之舟”的骆驼。因“当时兰新公路只经过安西，从安西到敦煌 120 公里没有公路”。他们经过瓜州口、甜水井、疙瘩井三夜的宿营，到第 4 天才到达莫高窟。这在今天简直是天方夜谭。

“当时，一提起塞外戈壁滩，不少人便谈虎色变，对于长期去那里工作，则更是望而却步，无人问津了。”常书鸿先生在兰州时，想招去敦煌的工作人员都是很困难的。最初“由郑通和调来天水中学校长李赞亭任秘书”，后在一个偶然的机会，常书鸿“碰到一个在西北公路局工作的国立北平艺专学生龚祥礼。他一见如故，欣然应允随我前往敦煌，并且又由他介绍了一名小学美术教员陈延儒和我们一块去……后来，又经过和省教育厅交涉，由省公路局推荐了一位文书，名叫刘荣曾。最后还缺少一名会计，没有办法，我只有到教育厅举办的临时会计训练班去招聘。开始，这个班四十几个人中没有一人愿意应招。半个钟点以后，才有一个穿着长布衫名叫辛普德的人站起来说，他愿意去敦煌。他说他原在武威工作，因为受到马家迫害才来兰州的。这一下总算解决了班子问题！”。

李浴先生1944年到敦煌，1946年初离开。据他回忆：“研究所初建时，研究人员有所长常书鸿及其夫人陈芝秀、还有罗寄梅、史岩、张民权、董希文及其夫人张琳英，此外还有苏莹辉、邵芳等都是先我而到的。其中罗、史二先生都是在我到达之前即离去。随后张民权也走了。接着来了周绍淼和乌密风夫妇和赵冠州先生，赵冠州也很快离去，次年又来了潘絜兹……当时的行政人员在总务主任之下设有文书一人、庶务二人、会计一人共五人，工友、厨师和饲养员共六人。”

常书鸿等人初到敦煌时，“窟前还放牧着牛羊，洞窟被当作淘金沙人夜宿的地方。他们在那里做饭烧水，并随意毁坏树木。洞窟中流沙堆积，脱落的壁画夹杂在断垣残壁中随处皆是。洞窟无人管理，无人修缮，无人研究，无人宣传，继续遭受大自然和人为毁损的厄运”。因此，他们面临的第一任务就是战风沙，筑围墙。在当时那种艰难困苦的环境中，他们克服了常人难以想象的困难，竭尽全力地从事清除积沙、治理环境，保护洞窟，砌筑围墙等当时所能做的一切保护工作。据常书鸿在其自传中回忆：“这里物资昂贵，有钱也买不到东西。千佛洞孤处沙漠戈壁之中，东面是三危山，西面是鸣沙山，北面最近的村舍也在30里戈壁滩以外。在千佛洞里除我们之外，唯一的人烟是上寺一老一少两个喇嘛，下寺一个道人。因此，工作和生活用品都得到县城去买，来回路程有八九十里，走戈壁近路也要七八十里，而我们唯一的交通工具是一辆借来的木轮老牛车，往返至少一天一夜。”除了这些物质方面的困难外，“还有一个更可怕的困难，是远离社会的孤独和寂寞。在这个周围40里荒无人烟的戈壁沙州上，交通不便，信息不灵，职工们没有社会活动，没有文体娱乐，没有亲人团聚的天伦之乐”。“记得画家张大千在1943年初离开莫高窟时，半开玩笑地对我说：‘我们先走了，而你却要在这里无穷无尽地研究保管下去，这是一个长期的——无期的徒刑呀！’”

正如史苇湘先生所说：“这里与外面的世界完全是封闭的，听不见新闻，看不见内地的新书杂志，仅有的一份兰州出版的《和平日报》要半个月到二十天才能到达莫高窟，看病购物要骑毛驴进城，从城上回来的人才讲一点在县城里道听途说的‘新闻’。”

正是在这种艰难困苦的条件下，有些人无法忍受便不得不离开莫高窟。如常书鸿的夫人陈芝秀于1945年初说去兰州治病，但她到了兰州后，立即登报发表声明：与常书鸿脱离夫妻关系，离婚。面对妻子的离去、家庭的破解，在选择事业还是选择家庭的这一关键时刻，常书鸿曾有过犹豫，但最终下定了决心：“家庭和事业都牵绕着我的心，但最终我还是决定以事业为重，让她走吧！”

國化學會甘肅省分會啟事

訂婚啟事

陈芝秀离婚声明（《西北日报》1945年5月12日）

1945年7月，随着抗日战争的胜利，国立敦煌艺术研究所接到国民党教育部来的一道命令，宣布撤消敦煌艺术研究所，命令研究所把石窟交给敦煌县政府。随后，“中央研究院接管我们所的通知也收到了，并汇来了一笔钱。但是，由于日本战败投降，一些职工希望尽快回到过去的敌占区与亲属团聚，有的已无心再待在这个边陲荒凉之地，想尽早离开这里，因而，接着而来的就是一个散伙‘复员’的狂潮”。这时，董希文、张琳英夫妇走了，李浴走了，周绍淼、乌密风夫妇走了，潘絜兹走了。到了1945年冬天，“先后来所工作的人大都走了”。

李浴先生在回忆当时的经历感受时说:“1945年8月15日日本投降。抗日战争胜利了。这消息传到千佛洞却是一个月以后的事，闻讯无不欢欣鼓舞、兴奋之情难以言表，可是稍一定神，故乡亲人之思就顿时倍增，八年流亡他乡有滋味应该结束了，所以人人都要东归，先是阎文儒（该团工作结束后，原拟受聘留所任研究员）走了，苏莹辉走

1944年国立敦煌艺术研究所全体职工合影

敦煌研究院的常书鸿塑像

了，大雪纷飞中又送走了邵芳，继之董希文夫妇带着孩子也走了，我当然也急欲回到中原与亲人团聚……潘絜兹家眷在兰州，他当然也要走，于是我俩偕行于 1946 年初告别了千佛洞，当时乌密风正在敦煌县城，他俩听说我们走了之后，自然也是不安于位而东归了。就是这样，研究所的专职研究人员全部都走光，于是常先生不能不离开敦煌回重庆。”

除了生活上的艰难困苦，精神上的寂寞难熬之外，当时敦煌艺术研究所的科研条件也非常差，不仅没有基本的资料《大藏经》、“二十四史”等，甚至就连一架照相机都没有。

尽管如此，但在研究所成立之初的一段时间，即从 1943 到 1945 年，敦煌艺术研究所的同仁们仍然做出了一些成绩。在这些为数不多的研究人员中，或因时间过短，或因兼职而影响研究工作，但大家都踏踏实实做出了一些研究成果，如董希文留下了非常精彩的《萨埵饲虎图》等摹本，邵芳留下了一幅宏大而美的盛唐《西方净土变》，周绍淼、乌密风留下了数幅藻井、边饰、龛楣等图案，潘絜兹也留下了一些唐、宋壁画摹本，苏莹辉留下了敦煌碑刻文字考，这些都应该说对敦煌艺术研究所作出了贡献。

二

1946 年，常书鸿在重庆又招聘了中央大学艺术系毕业生郭世清及其妻子刘缦云，国立艺专雕塑系毕业生凌春德；在成都招聘了四川省立艺专图案系毕业生范文藻和在艺专任教的霍熙亮，“另外搭车前往敦煌的，还有四川省立艺专教授沈福文夫妇”；在兰州，段文杰“希望随我到敦煌工作……我接受了他来敦煌工作的要求”。

1947 年夏天，敦煌艺术研究所又增添了一批年轻人，有孙儒僩、黄文馥、欧阳琳、李承仙、薛德嘉、萧克俭等人。1948 年冬天，史苇湘也来了……这批生力军的到来，不仅使研究所充满了朝气，而且使停顿了的不少工作得以开展起来，临摹壁画的队伍也十分齐整了。

如史苇湘先生是 1948 年 9 月底到敦煌的，当时只有 24 岁。他在《初到莫高窟》一文中说：“当时生活非常严峻，这里的一群知识分子却能埋头专心工作，一日两餐白水煮面条和清汤白菜、萝卜，维持着生命的最低要求，但是在精神上都非常富有，上洞下洞，孜孜不倦，天天如此，毫无怠意。很容易就接受了这种精神的感染，谈石窟里的事

常书鸿故居（摄影 / 张先堂）

情就成为生活中的重要内容……

“到莫高窟才一个多月，我就受到先行者们的感染，生活虽然艰苦，以段文杰为首的一群年轻人，情绪总是那么乐观、饱满，在常书鸿先生的领导下，能够在这里坚持下去，我逐步理解他们甘心投身在这片戈壁滩上，行为就是无限悲壮的誓词，因为莫高窟并不能任凭风吹雪打，任凭虎去狼来，虽然这群人在当时尚无回天之力来抢救他，却不能让他自生自灭……”

“当时生活的困难，已到了最低点，几个月发不出工资，仅有的一点经费养活不了一辆破卡车，留在这里的人，也没有经济能力‘逃回’内地。难怪在我之前已经来过多少青年画家和学人，都由于这个难熬的生活环境和种种原因先后离去，临到 1948 年冬天，莫高窟就只剩下常书鸿先生和我们七个年轻的业务人员。”

段文杰先生也回忆说：“解放前七年中，先后在研究所工作的专业人员和事务人员达三十人之多。但由于环境艰苦、社会腐败，大多在黎明前的黑暗中先后离去，坚持到敦煌解放的只有十四人，其中专业人员只有七人，但他们都是敦煌文物研究事业的开创者。”除常书鸿先生外，这七个年轻人就是段文杰、史苇湘、孙儒僩、欧阳琳、李承仙、霍熙亮、黄文馥。我们不应忘记他们。

三

敦煌解放时，当时的敦煌艺术研究所全体员工不到 20 人，他们全部被留用。1950 年 8 月 22 日西北军政委员会文化部文物处赵望云处长、张明坦副处长受中央文化部的委托，率工作组来莫高窟正式接管敦煌艺术研究所，并宣布：从 1950 年 8 月 1 日起敦煌艺术研究所更名为敦煌文物研究所，直属文化部文物事业管理局。据孙儒僩先生回忆：当时“我虽曾表示过想离开敦煌回四川老家的意向，但经不住张处长的三言两语，很快就放弃了自己的打算”。

中华人民共和国成立后，全国许多地方各方面的条件都比以前好了，但莫高窟仍然是比较艰苦的。据施萍亭（即施娉婷）先生回忆，“即使日历翻到 1962 年，莫高窟还没有电”；“喝的是苦水”；莫高窟离城 25 千米，没有汽车，只有一挂马车，“为数不多的职工子女，上学必须进城，星期六用马车接回来，晚上赶紧消灭衣服上的虱子，星期天用马车摇着送回去”。

虽然“敦煌的生活、工作是苦的。然而，敦煌人除了因孩子上学不便而感到有点内疚而外，他们似乎不感到什么苦。人们常常能听到临摹工作者、保护工作者从窟内传出的川剧、秦腔、民歌、小调，他们面对佛、菩萨，有时竟那样忘情。资料室不但白天开门，晚上也开门，煤油灯擦得锃亮，看看心里也光明。被称为'活字典'的史苇湘先生每晚必到，以供同志们'备查'。著名的第465窟（俗称欢喜佛洞）孤伶伶坐落在石窟群的北端，离我们的住区——中寺、上寺很远，李其琼女士临摹该窟时，带上干粮，中午不回家，为的是节省时间，并争到光线充足的黄金时间"。

段文杰（前）、樊锦诗（右）和作者
（摄于2006年12月22日）

敦煌是艰苦的，"敦煌人"是有真本领的。如果他们为了个人的幸福，或为了孩子的将来，想离开敦煌是很容易的。如被摘了"右派"帽子的史苇湘、孙儒僩、李其琼，那时候"都是刚步入中年、精力旺盛的人，如果他们想离开敦煌，易如反掌。但是，他们谁也没有如此想"；"文革"中，段文杰、贺世哲等先生都被打倒，甚至被开除党籍和公职送回老家，"文革"后"给他们落实政策，还是没有一个人要求离开敦煌，都回到了莫高窟"。

敦煌文物研究所部分职工合影（摄于 1950 年秋）

常书鸿先生故居内景一角

段文杰先生荣获敦煌文物和艺术保护研究终生成就奖颁奖大会于 2007 年 8 月 23 日在兰州举行

“敦煌人”是有真才实学的，他们能耐得住寂寞，能面壁 10 年、20 年，甚至 30 年，一步一个脚印，踏踏实实地从事着自己执著追求的事业。他们就是那样的执著，以敦煌为家，与菩萨作伴，守护着莫高窟。他们的科研成果可能并不是很多，但都是无水分的“干货”，是能够留给后代的。

今天，固然生活、工作等各方面的条件都比以前好了很多很多，但我们似乎就是缺少点什么，就是无法和我们的先辈比，缺乏他们的敬业精神，缺乏他们的献身精神。

樊锦诗女士在《为了敦煌的久远长存》中说：“以常书鸿、段文杰为代表的一代又一代的有志者，离开了繁华的城市和温暖的家园，从祖国各地来到了人烟稀少的大漠深处，为了保护和研究祖国的稀世瑰宝，甘愿过着清贫的生活，奉献自己的青春，甚至自己的一生。几代人薪火相传，恪尽职守，不懈奋斗，开拓探索，为敦煌文物的保护作出了自己的贡献。”

敦煌研究院院史陈列馆院内（摄影 / 张先堂）

常书鸿先生之墓（摄影 / 张先堂）

这何尝不是樊锦诗他们这一代“敦煌人”的真实写照和宣言呢！

因此，我们永远不能忘记那些“敦煌人”，我们应该永远记着常书鸿、段文杰、史苇湘、霍熙亮、潘絜兹、李承仙、欧阳琳、孙儒僩、李其琼、关友惠、万庚育、张学荣、李云鹤、刘玉权、贺世哲、施娉婷、潘玉闪、李永宁、孙修身、樊锦诗、李振甫、窦占彪、龚祥礼，等等，等等。当然，还有一些“敦煌人”，我连他们的名字都还不知道。

他们之中，有些已经去世，有些也已步入老年。近来，我常常想，随着这批“敦煌人”的离世退休，不仅仅使我们失去了学术上的老师，更重要的是我们失去了精神上的导师，使我们在做人、做事方面缺少了楷模。

他们，是永远值得我们学习的！

敦煌的文艺作品

有一首现代诗歌的《大漠敦煌》，作者署名为秋酿醇酒，这样描述敦煌的沧桑：

我多想带上装满梦的行囊
牵一只骆驼去那风沙弥漫的远方
我多想沿着遥远又遥远的古道
寻找我梦中的大漠敦煌

穿过祁连山的六月飞雪
走进炎风吹沙的大漠
我寻一把先人遗留在那里的石斧
看它是否还能劈出四千多年的火光

追赶丝绸之路落下的夕阳

跋涉在曾经鼓角争鸣的河西走廊
我想找到三苗人留下的陶器
让它盛满历史的冷热和苍茫

我想听到羌笛穿透千古的余音
在荒原的夜空里哀怨悠扬
借着大漠的冷月寒光
我多想找回乌孙人失散的牛羊

在漫漫狂野中赶路
我多想举起月氏人的宝刀将夜空划亮
我望见浩瀚的沙海如血的残阳
远处传来铁蹄铮铮烈马奔腾的轰响
一支剽悍的胡骑消失在流沙的尽头
远离了草原和毡房

我望见张骞出使西域归来的马队
马踏飞燕的嘶鸣声扬四方
我望见汉武的狼烟扬起旌旗遮日的豪壮
飘逝在风萧萧路漫漫的边关

那鸣沙山千年不绝的鸣响
每一声吟唱

都是英雄泯血长笑的悲壮
那月牙泉甘冽清澈的水塘
每一个眼神
都曾凝视过扬鞭的牧人拓荒的农夫

玉门关的残垣断壁
望断多少远行的商队往来的使者
阳关三叠的千古绝唱
又有多少故人更尽一杯酒从此不见回故乡

我站在汉长城古烽燧遗址上
似乎还能听到
一腔长风万里的呼啸
我站在魏晋隋唐的古墓旁
似乎还能看到
边塞诗人雪山长云孤城遥望的豪情和惆怅

几度春秋风与火
东来西往的驼队穿过大漠莽莽
曾经几载云和月
边城要塞通向了海纳百川的大唐

我的大漠我的敦煌啊

你已不是金戈铁马厮杀遍野的战场
你丝绸铺路
你名声远扬

追踪远古消失的绿洲
注视大漠不朽的胡杨
我寻着崖壁上的佛光
看见风卷僧衣的乐僔和尚
在石壁上开凿了第一个洞窟
在穷荒中点燃了第一炷香火
一代代虔诚的僧侣随他而来
创造出佛洞悬空的圣堂

天空移动的云彩
遮不住三危山的金黄
莫高窟这座千佛神奇的宝藏
在沙漠中沉睡了一千年

岁月的寒暑
剥蚀了多少绚丽的画卷珍贵的佛像
屈辱的年代
劫持了多少无价之宝流落他乡

尽管大漠景象如此苍凉
尽管丝绸之路如此漫长
神秘的敦煌啊
你玄妙神奇的经书壁画令人心驰神往
你举世闻名的丝路花雨让人沉醉难忘
美丽的敦煌啊
流光溢彩的故事有你大漠落日的悲怆
灿烂辉煌的历史有你光辉夺目的一章

我多想借反弹琵琶的神韵止住千年黄沙
我多想用飞天飘逸的梦想擦去百年彷徨
我多想牵来一股溪流为你栽上一排胡杨
我多想乘春风度玉门让梦露宿在你的身旁。

敦煌所蕴含的深厚历史文化，激发了国内外一大批作家、艺术家的创作灵感，围绕着敦煌的历史和艺术，创作出了许多优秀并影响深远的文学艺术作品。

井上靖的《敦煌》及其影响

井上靖（1907—1991）先生，既是日本著名的作家，又是酷爱敦煌艺术的画家，还是中日文化交流的使者，在日本颇具名望，他生前曾任日本文艺家协会理事长、日本笔会会长、日中文化交流协会会长。

井上靖自中学起就酷爱文学，进入京都大学哲学系学习时，创作的小说就曾多次获过奖。大学毕业后在大阪每日新闻社任记者、编辑多年，1951年辞去报社职务，专心从事于文学创作，开始了其职业作家的生涯。

井上靖自1955年起开始创作以中国古代历史为背景的小说，惊奇的是，他当时还未踏上中国国土一步，但由于他熟读了许多中国古代的文献典籍，从而对中国历史文化有相当深刻的认识。井上靖不但对中国的历史、文化倾慕不已，而且还对中国的西北地区及丝绸之路怀有一种特殊的感情。在此基础上，他用文学的笔触，赋以丰富的想象，以我国古代西域风土人情、历史掌故为题材，创作出了《楼兰》、《敦煌》(1958)、《异国的人》、《漆胡尊》、《昆仑采玉》等优秀的作品。

井上靖(1907—1991)

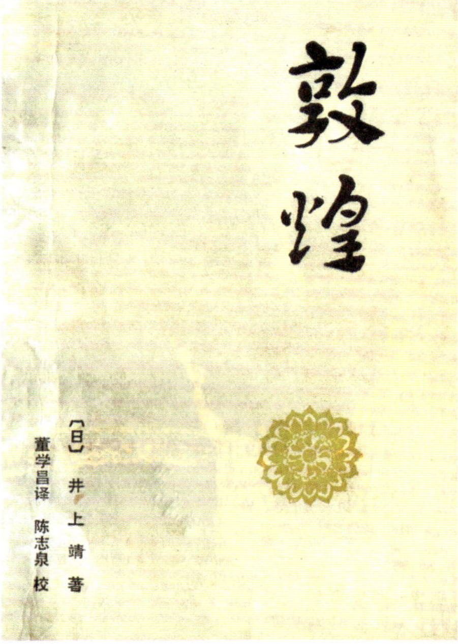

井上靖《敦煌》

其中《楼兰》《敦煌》两书获得日本“每日艺术大奖”。此外，他还以中国的历史及古代名人为背景撰就了如《杨贵妃》、《苍狼》(1959)、《孔子》(1986)等佳作。

在《敦煌》的写作过程中，井上靖还得到了国际著名敦煌学家、京都大学人文科学研究所藤枝晃先生的鼎力相助。作者将《敦煌》故事定格在公元11世纪上半叶，北宋与辽国交恶，西夏李元昊趁机崛起并占据敦煌地区近一个半世纪之久的历史大背景之下，采用章回体小说的范式。

小说《敦煌》通过特定的人物刻画、情节编排，寄予着作者对历史的认知和深厚的人文内涵，其故事内容概况是:主人公赵行德上京投考，误了考期，正在失望茫然之际，却被一位被掳掠即将处死的西夏妇女倔强的行为所震惊，从其身上感到了西夏国崛起的希望。这一震动，也使他不再迷恋功名，毅然前往西夏学习西夏文。在途中，他历经坎坷，被听命于西夏的汉族首领军队俘虏，但幸运的是得到了大字不识几个的队长朱王礼的赏识和重用。在攻打回鹘占据的甘州城时，在烽火台上偶遇回鹘公主，并将她藏于民房内，后来，渐生恋情，私订终身。赵行德为了实现自己的志向去西夏首都学习，恋恋不舍与回鹘公主离别。但赵行德到了西夏后，却醉心于学术研究中，误了当初他们所定的归期。待他归来时，回鹘公主早已被西夏王李元昊抢去作了妃子，苦苦等待赵行德的回鹘公主不忘当初的衷情，乘阅兵时跳下城墙自尽。赵行德在痛苦万分之下对李元昊顿生仇恨，与同时暗恋回鹘公主的朱王礼率军叛变。在与西夏军残酷的斗争中，他们退守到敦煌，朱王礼战死。在西夏大军焚城之际，于阗王族后裔、西域商人尉迟光，为了给骗取敦煌曹太守的钱财、乘战争所发的横财找一个安全的藏匿之所，千方百计知道了千佛洞的底细，在他藏宝的同时，赵行德为了纪念他所钟爱的回鹘公主，为了抢救城中寺院的佛经，也乘机将万卷经典密封于洞窟中。尉迟光想乘混战之际的夜晚盗宝，反被闪电击中暴亡。故事在敦煌化为一片火海中结束。

小说《敦煌》，后来又被改编为同名电影。1988 年的电影《敦煌》是为了纪念中日邦交正常化十周年而由中日双方联合摄制的。影片的所有场景全部在中国西北部实景拍摄完成，拍摄时期，还特意修建了敦煌故城外景地，据专家们考证，历史上的敦煌城原貌也不过如此。现今成为敦煌著名的旅游景点。

影片由日本著名导演佐藤纯弥执导。佐藤纯弥曾拍摄过许多广为中国观众熟悉的电影作品，如《追捕》《远山的呼唤》《新干线大爆炸》《一盘没有下完的棋》等优秀影视作品。他最为著名的作品是《人证》，片中的那首动人的《草帽歌》，在许多中国观众的心目中留下了深刻的印象。

与小说相比，电影《敦煌》稍有改编。它描述了宋朝年间，落第书生赵行德偶然认识西夏女子，对此新兴国家大感兴趣，决定探访。途中被西夏军俘虏，编入由汉人组成的外国人部队，并跟队长王礼结为生死之交。后来赵行德与王族女子斯鲁比娅共浴爱河，但因事分手两年，回来时爱人已以死殉节。他在万念俱灰之下赴敦煌埋首整理经书。王礼策动兵变，部队全被歼灭，敦煌亦成一片火海。

电影《敦煌》中所演绎的藏经洞历史，是一种合理的想象和虚构。当时敦煌的统治者曹太守未尝不是一位爱书、爱骨董成癖的人，然而他的爱是毁灭性的，他居然要让那些无价的宝物，历代人花了多少心血撰写出来的书卷典籍，连同敦煌一起陪他自焚。而作为小小书记官的赵行德，他却在敦煌被破城焚毁之际，悄悄带了一队挑夫，用着马匹骆驼，把那些经卷运到莫高窟某一处佛窟中封藏起来，在西夏军已破沙州，即将攻来之时，把那些凝聚了无数人虔诚心愿的经卷埋藏在最安全的地方。同样是在动荡与战乱中飘浮不定历史环境下，如赵行德般的小人物，令人感动的是，宁愿舍弃性命、尽己所能保存人类宝贵的文化遗产——数以万计的佛教经典和文书资料，使之流传后世。电影《敦煌》中塑造的这种大小人物性格、品质的鲜明差别，突出了人性中善恶的两面，很是令人深思。

20 世纪 70 年代之后，井上靖曾数次来中国，专门踏上当年的西域丝绸之路，仔细追寻古人留下的每一处遗迹。正是由于井上靖孜孜不倦地创作并介绍中国的文化和艺术，强烈地表现出他对中国的一片热爱之情，从而赢得了中国人民的尊敬与赞誉，作为第一个被北京大学授予名誉博士的日本人，井上靖当之无愧。

中国舞剧经典——敦煌舞剧《丝路花雨》

20 世纪 70 年代末 80 年代初，随着中国改革开放号角的吹响，迎来了中国艺苑百花争艳的春天。博大精深的敦煌壁画艺术，为艺术家的文艺创作提供了可资借鉴的形象资料，也激发了他们的创作灵感。1978 年创作排练的大型民族舞剧《丝路花雨》就是其中的代表。

1979 年 5 月 23 日，为庆祝中华人民共和国成立 30 周年，《丝路花雨》正式在人民大会堂首演。剧本由艺术家赵之洵执笔，女主角英

《丝路花雨》剧照（摄影 / 裴强）

娘由贺燕云、傅春英饰演；男主角神笔张由仲明华饰演，伊努斯由李为民饰演；主要男配角强人窦虎由张稷饰演，市曹由贾世铭饰演。敦煌舞剧《丝路花雨》讲述的是唐代一对莫高窟画匠父女和波斯商人的感人故事。《丝路花雨》连同序幕与尾部，共八个场景，现将其主要内容简介如下：

序幕：在悠扬的乐声中，拉开序幕："飞天女神"在天宇飘荡，将朵朵云花洒向人间……唐代丝绸之路上，远处，驼铃声中，古道上走过西域商队，风沙骤起，画工神笔张救起了困倒在沙漠里的波斯商人伊努斯，他结识了一位挚友，但是爱女英娘却被强人窦虎掳去。

第一场：数年之后，敦煌市场。丝绸相交，歌舞相望。神笔张终于找到了女儿，但出落得美丽动人的英娘已沦为百戏班子的歌舞伎，在街头卖艺；伊努斯为救命恩人仗义疏财，为英娘赎身，父女得以团聚。

第二场：莫高窟中，神笔张按照女儿的舞姿，画出了敦煌壁画的代表作——反弹琵琶伎乐天。市曹觊觎英娘的美貌，巧立名目，企图占有英娘。与其让女儿身陷火坑，莫如让女儿远走他乡，神笔张将爱女托付给伊努斯，市曹诡计未逞，罚神笔张带枷画窟。

第三场：英娘与波斯人民朝夕相处，互相磋商技艺，并在如梭的光阴结下了深厚的情谊。伊努斯奉命使唐，英娘也随之回到了离别的故土。

第四场：莫高窟中神笔张思女心切，梦幻中神游了他所彩绘的天宫幻境。河西节度使进洞朝香，观赏壁画，欣然为神笔张解除了枷锁。

第五场：阳关外，烽燧下。市曹为泄私愤唆使强人窦虎拦劫波斯商队。为了友谊神笔张烽火报警，救伊努斯于危难之中，自己却血染大漠。

第六场:敦煌二十七国交易会。商贾云集，歌舞喧腾，五彩缤纷，富丽堂皇。节度使与各方来宾欢唱一堂。英娘化妆献艺，潜入会场，揭露了市曹的罪状，大唐节度使怒斩恶人，剪除了丝绸路上的隐患。

尾声:十里长亭，宾主话别。中外人民的传统友谊源远流长，绵延千秋，丝绸之路上洋溢着友谊之歌。

舞剧《丝路花雨》具有较强的历史性和浓郁的浪漫主义气息，反映了唐王朝经济文化的繁荣，以及热爱和平的中外人民之间的纯洁友谊。舞剧借用舞伎英娘真实地再现了敦煌壁画中优美的舞姿风格，其中许多舞蹈场面绚丽多彩，如敦煌集市上的百戏，莫高窟中的反弹琵琶舞，波斯花园中的刺绣舞、马铃舞、黑巾舞，梦幻中的柘枝舞、凭栏仙女舞、美音鸟舞，二十七国交易会上的盘中舞、印度舞、土耳其舞、霓裳羽衣舞、新疆舞等，舞剧所用各种服饰200多套，3000多件，美轮美奂，引人入胜。

舞剧《丝路花雨》在改革开放之初的中国文艺界刮起一股强劲的艺术旋风，很快轰动了大江南北，在中国文艺界刮起一股强劲的敦煌艺术旋风。《丝路花雨》在人民大会堂成功初演后，又在北京演出28场，获得文化部颁发的“创作一等奖”和“演出一等奖”。1979年11月1日在人民大会堂演出专场文艺晚会，受到各级领导和艺术家们的高度赞许。1981年6月《丝路花雨》作为“文化使者”，应外国友人邀请，出国进行为期一个月的文化交流，演出23场，并受到各地观众的热烈欢迎。1982年,《丝路花雨》荣登世界第一大剧院——意大利米兰斯卡拉大剧院，成为亚洲第一个进入世界最高艺术殿堂的演出团体，并由此拉开了中国艺术表演团体出访各国、开展文化交流的序幕，同年在巴黎第12届国际舞蹈节演出时，也深受到好评。1982年3月《丝路花雨》由西安电影制片厂拍摄成彩色宽银幕艺术片。在1999年“《财富》全球论坛·上海年会”上，《丝路花雨》作为唯一的歌舞祝贺节目参加演出。

《丝路花雨》剧组先后到朝鲜、法国、意大利、日本、泰国、西班牙、土耳其、德国、南斯拉夫等40多个国家和港澳台地区参加访问演出，在海内外引起了极大反响，深得好评，被誉为“中国民族舞剧的典范”“东方的天鹅湖”“中国民族舞剧的新成果”。1994年在中华民族20世纪舞蹈经典评比中荣获“经典作品金像奖”，被誉为“中国舞剧的里程碑”。

《丝路花雨》剧照（摄影 / 裴强）

《丝路花雨》40多年来长盛不衰，在国内和世界各地演出千余场，成为中国“舞剧舞台的常青树”。2005年《丝路花雨》以“演出年轮、场次最多的舞剧”成功入选上海大世界基尼斯纪录，成为“中国舞剧之最”。

四十多年来，《丝路花雨》不但创造了中国舞剧经演不衰的纪录，而且以浓郁的民族色彩和东方情调，集古代艺术之大成的新途径，为中国舞蹈走向世界提供了有益的启示。其后，甘肃艺术家们创作、演出的《飞天》《天姿馨曲》《唐韵胡旋》《千手观音》《编钟乐舞》《大梦敦煌》《敦煌古乐》《悠悠雪羽河》《天马萧萧》《敦煌情韵》等大型舞剧，都是在《丝路花雨》基础上的开拓和创新。

在2004年举行的《丝路花雨》演出25周年纪念活动中，甘肃省委宣传部、甘肃省文化厅在兰州举行了纪念演出并召开座谈会，为适应不断变化的新形势，在会上宣布启动“《丝路花雨》复排提高再创辉煌工程”，以进一步提高这一经典舞剧的艺术水准，并利用这一品牌进行产业开发，促进甘肃文化产业的发展。工程的主要内容包括：制定《丝路花雨》的两个版本，一个完全保留经典剧目的原貌，供研究和特殊群体欣赏之用，另一个是充分运用现代艺术理念和表现手法的复排提高版《丝路花雨》，增强其艺术感染力，更好地体现时代精神；在保持原有风格、不断提高艺术水准的前提下，逐步开拓《丝路花雨》的市场空间，进行产业化开发，比如在已有的“丝路花雨”酒的基础上，围绕《丝路花雨》开发相关图书、音像制品和以“丝路花雨”命名的服装、食品、化妆品、旅游产品等，形成完整的产业链，真正把这一品牌做大做强。在做好上述工作的基础上，进一步整合文化资源和力量，以《丝路

《丝路花雨》剧照（摄影 / 裴强）

花雨》为支撑，把敦煌艺术剧院建成爱国主义教育基地、艺术培训基地、敦煌艺术学术研讨交流基地和独具特色的旅游基地。

21世纪，相信注入活力的敦煌舞剧《丝路花雨》这一文化精品仍将演绎舞台“神话”，备受世界瞩目。

敦煌乐舞结硕果

博大精深的敦煌文化是敦煌乐舞的母体。敦煌遗书和壁画中的故事、舞蹈、音乐等资料给文艺工作者的艺术创作提供了用之不竭的素材，通过富有感染力的舞台艺术表演，敦煌文化逐渐为越来越多的观众所喜爱。同时，新的舞台艺术剧的再现，又成为传播和弘扬敦煌文化的最好载体。

敦煌壁画中的舞蹈风格，主要有两种。一为中原舞：悠扬婉转，挥袖而舞，“长袖善舞”是

《千手观音》剧照

其特点，壁画中的人物双手持长长的锦带（长巾或长绸）起舞，锦带在其周身，左右回旋上下飘举。有的神情开朗奔放，有的温婉妩媚，有的动作疾驰矫健，有的轻盈柔慢。每组有一个或两个跳舞的舞伎，伴奏的乐伎少的两人，多的达三十四人；一为西域民族舞：性格爽朗，感情激扬，歌舞节奏强烈是其特点。双人舞《飞天》是艺术家创作的第一部取材于敦煌壁画的舞蹈，1954 年由著名舞蹈家戴爱莲编剧。《飞天》成功地运用了戏曲中的“长绸舞”，把它加工为独立的纯舞蹈艺术。舞蹈追求的不是敦煌壁画的描摹再现，而是以绸带飞扬瞬间的舞姿造型和流畅、滑翔、腾跃的步伐，表现翱翔天宇的一种意境——寄予人类的希冀与向往。

自以敦煌为题材的舞剧《丝路花雨》成功演出之后，甘肃文艺工作者围绕敦煌艺术继续大做文章，创作出了一系列如《千手观音》《敦煌古乐》《敦煌组舞》《西出阳关》《大梦敦煌》《敦煌神韵》《敦煌韵》等音乐、舞蹈作品，使敦煌艺苑再结硕果，现撷取其中的一些简介如下：

《千手观音》 在 2005 年央视春节联欢晚会上，舞蹈《千手观音》得到了观众的特别喜爱。《千手观音》舞蹈的最早雏形出现在《丝路花雨》之中。在《丝路花雨》中有一段舞蹈叫作“六臂神”，由三个人站成一列，重叠起来，不停变换手臂姿势。这一段舞蹈在舞台上一经表现，便给观众留下深刻印象。

《千手观音》原创于甘肃省艺术学校，高金荣教授是原始的创作人，她是根据敦煌莫高窟第 3 窟的千手千眼观音壁画所创作的，当时命名为《敦煌手姿》，舞蹈的主题画面就是一个叠面，似孔雀开屏，突出了敦煌舞垂、扬、俯、仰等千变万化的手姿。1991 年，甘肃省艺术学校的学生演出了以“千手观音”为基本造型的舞蹈《敦煌手姿》，1998年在北京演出时，根据舞蹈史学家王克芬的建议更名为《千手观音》。

《敦煌神韵》《敦煌神韵》是集《丝路花雨》与《敦煌乐舞》之大成的作品，全剧时长90分钟，敦煌舞蹈、音乐贯穿始终。舞剧部分由《丝路花雨》中的精彩片断《霓裳羽衣舞》以及《水月观音》《妙音反弹》《西凉乐舞》《唐韵胡旋》《丝路情韵》等8个舞蹈组成，千姿百态的飞天仙子在缥缈动人的伎乐中翩翩起舞，把人们带入心驰神往的佛国世界。

《敦煌韵》《敦煌韵》是由甘肃省歌剧院创作完成的。这台大型乐舞共分为乐舞《天宫伎乐》、舞《美音鸟》、歌《阳关三叠》、舞《妙音反弹》、乐《太平乐》、舞《千手观音》、歌《秦王破阵乐》、乐舞《鸣沙月》、歌《望江南》、舞《香音神》、歌《玉关情》和《莫高盛世》12个篇章。演奏用的仿古乐器均取材于敦煌壁画，是根据莫高窟壁画中的古代乐器制作的。通过歌、舞、乐一体的全新模式，陆续展示了“九色鹿”“步步生莲”等佛经故事。该乐舞最摄人心魄的莫过于舞蹈和背景的恢宏壮阔，以及160种华丽美轮美奂、光怪陆离的服饰。由于使用了高科技手段，使舞台的气氛烘托到前所未有的艺术高度和美感享受。其中“妙音反弹”一场，12位伎乐天反弹琴瑟的集体舞姿比《丝路花雨》的独舞更显得多姿多艺，异彩纷呈。整个场景的主色调为金色，堪称金碧辉煌、相得益彰。

《敦煌韵》成为继《丝路花雨》《敦煌古乐》《大梦敦煌》之后，又一个根植于敦煌文化的舞台艺术精品，成为以歌舞表现敦煌文化的

《敦煌韵》剧照

“活化石”。

《敦煌情韵》 乐舞剧《敦煌情韵》，是为庆祝澳门回归祖国两周年暨澳门旅游塔会展娱乐中心落成而专门创作的，节目大多取材于敦煌壁画。2001 年 12 月 19 日在澳门演出，在敦煌壁画背景下，由玉笛、玉排箫、曲项琵琶、莲花琴等仿唐乐器演奏的敦煌古乐悠悠响起，10 多位身穿黄色长裙、头顶荷花灯的“水月观音”翩翩而至，她们摹仿敦煌壁画中千姿百态的飞天观音造型，轻舒柔臂，慢展长袖，一举手、一投足，充满绝妙的艺术魅力和异域的神秘之美，仿佛那一个个姿态优美的飞天从壁画中降临人间。飞天乐舞、敦煌古乐、西凉乐舞、民族新音乐《天上人间》……节目精彩纷呈，背景不断变幻，时而是飞天仙女，时而是苍凉大漠，使置身于现代化剧院里的澳门观众，仿佛瞬间来到了遥远的敦煌莫高窟，与诸神对话，听千佛祝福，时间与空间、历史与现实在这里浓缩，引人遐思飞扬。最后，仙女们手持花篮，将一片片象征吉祥的花雨洒向观众，把最美好的祝福带给澳门人民。《敦煌情韵》以婀娜迷人的舞姿，独具特色的韵律，精彩的演出，令澳门观众如痴如醉，全场不时响起热烈的掌声，澳门各大媒体以“敦煌情韵动濠江”为题进行了详细报道，演出获得了极大成功，为澳门回归祖国两周年增添了不少喜庆色彩，并在濠江掀起了一股“敦煌热”。

《敦煌古乐》 敦煌曲谱发现后，即引起了学术界和音乐学界的关注，在众多的研究者中，甘肃敦煌艺术剧院原院长、著名敦煌学者席臻贯先生慧眼独具，紧紧抓住了诗、乐、物三位一体这个中国古代音乐的根本特点，经过多年的探索研究，于1991年底将敦煌古谱成功释解，全卷包括《品弄》《倾杯乐》《急曲子》《长沙女引》《撒金沙》《伊州》《水鼓子》等25首曲谱，原原本本地复活了世人难得一闻的“唐乐”。新解乐谱旋律优美流畅，古韵耀然。文曲缠绵而高妙，舞曲雄健而激昂，堪与唐代诗歌、壁画相得益彰，国内外学术权威和新闻媒体高度评价了《敦煌古乐》谱破解的成功。1992年9月，配有唐代诗词的录制音带由敦煌文艺出版社和甘肃音像出版社在国内外发行，有三盘录音磁带，并附有详细说明和席臻贯先生所著“敦煌乐谱新译”《敦煌古乐》精装书一本。

随后，在席臻贯先生的主持下，甘肃敦煌艺术剧院舞蹈家许琪、张聚芳、张强将《敦煌古乐》以敦煌乐舞壁画为素材编创为大型乐舞，

《敦煌古乐》剧照

在第四届中国艺术节上引起强烈反响，获中国文化部第五届“文华新剧目奖”和“挖掘古典音乐奖”。

舞剧《大梦敦煌》

2000 年 7 月，敦煌藏经洞发现及敦煌学百年纪念活动在莫高窟九层楼前的广场隆重举行。由兰州歌舞剧院文艺工作者历经两年艰辛创作完成的大型舞剧——《大梦敦煌》也在此进行大型实景演出，舞剧的悲情故事以及莫高窟、月牙泉、鸣沙山融为一体的精美画面，赢得了与会专家、学者以及广大观众的喜爱。

《大梦敦煌》是一部富于传奇色彩的四幕舞剧，以敦煌艺术宝库的千百年创造历史为背景，以青年画师莫高与大将军之女月牙的感情历程为线索，以浓烈的笔墨，刻画了青年画工莫高不断追求艺术至高境界的坚韧形象，歌颂了忠贞不渝、纯洁炽热的爱情，演绎出了一场中国版“罗密欧与朱丽叶”式的悲凄爱情故事。

舞剧《大梦敦煌》的分幕内容大体如下：

序幕：一百年前的一个偶然机会，看守莫高窟的道士王圆禄惊奇地发现了一个藏满经卷的洞窟，当他从浩如烟海的遗书中打开一幅画卷时，一个动人的故事如梦如幻般地展开了……

第一幕：很久很久以前的西北大漠，自中原西行而来的青年画师莫高为追求艺术的最高境界，身背装满画工工具的小布包，不辞辛苦前往敦煌。在途中，莫高饥渴难耐，生命垂危，他的眼里始终亮着朝圣者虔诚而执着的光芒，极度地衰竭，使莫高眼前出现了奇美的幻觉：大片的美景从沙海中飘然而起；五色的神鹿在绿洲中驰过。突然，一支在沙漠中凯旋的军团路过这里，士兵们发现这个执迷而又羸弱的青年画师，便粗俗地围住他嬉戏逗弄。女扮男装的少年将军月牙拨开众人，好奇地查看这个沙漠孤身一人的年轻画师。之后，他喝住士兵，甩给莫高一只羊皮水囊，却又任性地抽走了画师背上视同生命的画稿。三危山前，众多的工匠与当地的市井百姓，商贾官吏，民间艺人以及出资建窟的供养人等，熙攘往复，一派喧闹景象。凭着那只水囊走出沙漠的莫高，终于找到了他神往已久的敦煌。疲惫与喜悦交织在一起，他似乎要向每一个人表达心中的激动。

第二幕：新窟开凿，市井欢娱。洞窟内，莫高面对新壁浮想联翩，

《大梦敦煌》剧照（摄影 / 裴强）

他要把自己虔诚的信念与全部的才华倾注于笔尖，勾勒出心中最神圣的艺术境界。又想起从中原一路带来的画稿被人抢去，心中不禁怅然若失。料想不到的是一日莫高与少年将军月牙再度相逢，不过此时月牙褪去铠甲，恢复了女儿装。月牙带着画轴，由乳娘陪伴着来到洞窟里寻找莫高。二人心中似有所感，却又擦肩而过。月牙找到莫高归还画稿，在对艺术的共同痴迷中，月牙对莫高了解加深，调皮任性的月牙，渐渐地为外表朴实憨厚而内心情感丰富的莫高所吸引；而莫高也被性格活泼，聪慧亮丽的月牙打动，二人由陌生到熟悉，进而渐生好感，萌生了爱情。在莫高对自己来敦煌虔诚心愿的诉说中，在莫高所绘壁画那神奇境界的辉映下，二人的心慢慢地贴在了一起。闻讯而来的大将军带兵闯进洞窟寻找女儿，却见莫高与月牙正在一处，不由大怒。

将军欲杀莫高，被月牙阻拦;大将军耻于女儿与穷画师来往，为阻止他们交往，强带月牙离去，留下了莫高孤独一人在洞窟中。

第三幕:将军行营大帐中，为断绝女儿与贫穷画师莫高爱情，大将军逼迫女儿门当户对地择婿出嫁，王公贵胄，纷至沓来提亲，他们在月牙面前或逞其威猛，或彰其富贵，以求月牙芳心，但均遭拒绝，不为所动。心中思念月牙的莫高，得知将军大营中正在招亲，情急之下，莫高与艺人们的表演技压群雄，震惊四座;在舞蹈中，莫高的身姿为月牙认出，碍于情面，二人虽已见面，心中纵有千言万语，却只能相看泪眼。大将军识破了莫高的真实身份，怒不可遏，欲杀莫高。月牙再次在父亲的剑下救出心爱的莫高，月黑风高，月牙出逃。追随自己的心爱之人直奔莫高窟。军营里火焰熊熊，杀气冲天，大将军率军追向敦煌。

第四幕:阴暗的洞窟里，莫高潜心作画，在爱的甜蜜中，一幅精美的壁画即将完成。突然，急促的马蹄声把心爱的月牙带到了莫高眼前。二人悲喜焦急，相拥在一起。他们互诉衷肠，发誓生死一处，永不分离。重兵围困的洞窟中，面对血与火的威逼，月牙再次拯救了莫高，为爱付出了生命的代价。大将军面对女儿的鲜血，震撼女儿的刚烈，突然变得苍老，终于在惭愧中放下手中的屠刀。莫高在巨大的悲怆中，将自己心爱的月牙躯体沉入清澈的月牙泉中。之后，莫高完成了敦煌艺术的绝唱。从此莫高窟灿烂辉煌，月牙泉清纯秀丽，艺术、爱情，朝夕相守，直到永久……

《大梦敦煌》的整个舞剧极富浪漫气息，通过令人柔肠百转、气荡挥泪的爱情传奇故事，形象地再现了博大精深的敦煌莫高窟艺术的创

《大梦敦煌》剧照（摄影 / 裴强）

作过程。

由于相同的敦煌艺术文化背景，起始有许多观众将《大梦敦煌》和《丝路花雨》相提并论，并简单地以“姊妹篇”来定义两者的关系，其实二部舞剧之间有许多明显的区别：

一是两者创作的时代背景不同。舞剧《丝路花雨》创作于 1979 年，而《大梦敦煌》则完成于 2000 年，两部舞剧相差 20 余年，期间时代发生了巨大的变化。因此在完全不同的时代背景下，两个作品呈现给观众的是完全不同的艺术景观。两者带给中国民族舞蹈发展的影响，也都是各不相同的。

二是舞剧反映的主题不同。由于两者时代背景不同，舞剧所反映的主题自然也有了巨大的变化。《丝路花雨》首演时，刚刚从几十年的“阶级斗争”现实中走出来的人们，还不能放弃“这个世界是由好人和坏人组成的矛盾世界的观念”，所以，即便是在强调中外友谊交流的故事中，也难免要带上阶级斗争的色彩。文艺作品的结局几乎千篇一律，以好人打败坏人、正义战胜邪恶的大圆满而收场。而《大梦敦煌》的主题则关注的是普遍的人性，通过讲述穷画工莫高与贵族女月牙之间的“死恋”故事，最终体现的是对于生命、理想、爱情的深深思考。因此与《丝路花雨》相比，《大梦敦煌》的主题完成了从“阶级斗争”到人性和爱情的变化，打上了时代变迁的烙印。

三是艺术再现敦煌文化的创作手段和表达方式不同。《丝路花雨》的舞蹈是从敦煌壁画模仿而来，是把壁画中的静态人物画面拿到现实中来，再人为地把它串联起来；而《大梦敦煌》的舞蹈是为剧情创编出来的，是用舞蹈在讲述一个凄美动人的爱情故事，《大梦敦煌》的舞蹈是用来写人的。

世界关注敦煌

敦煌是中国的，又是全人类的，世界只有一个敦煌。敦煌在中国，但敦煌学在世界，是国际学术潮流中的一门显学。这主要体现在以下几个方面：

第一，敦煌本身的国际性。敦煌石窟是佛教艺术的结晶，它的存在本身就是中外文化交流的结果，因为佛教从印度发祥后不断东传，在传播的过程中开凿了许许多多的石窟寺，莫高窟就是其中之一。佛教是一个世界性的宗教，作为佛教石窟之一的莫高窟，内容既丰富而又被完整地保存下来，它自然也就成了世界关注的中心。

除了佛教这一世界主题外，敦煌的艺术也是世界的，如敦煌壁画上发现的玻璃器皿，表现出了萨珊伊斯兰的艺术风格，由此可以探讨西亚地区玻璃器皿的制造工艺。

敦煌文书虽然以汉文文书为主，但也有梵文、回鹘文、于阗文、龟兹文、突厥文、粟特文、西夏文、叙利亚文、八思巴文等文字书写的资料。这些资料自然属于世界性的，也就引起了各国学者的关注，如近年来国内外学者对粟特的重视与研究就是一例。另如敦煌发现的梵文本《心经》是佛教大诗人马鸣的著作，在印度久佚，它可以填补印度梵文文学史上的空白。在敦煌的考古中，也发现了一些其他国家的文物。

第二，文献收藏的国际性。敦煌文献从发现之始，就遭到了各国探险家的欺骗掠夺，绝大部分被劫往世界各地，目前被收藏在中国、英国、法国、俄罗斯、日本、德国、美国、韩国、印度、瑞典、澳大利亚、丹麦等十几个国家的几十个博物馆、图书馆中。其中以位于北京的中国国家图书馆（约16000卷）、伦敦的英国国家图书馆（约13300卷）、巴黎的法国国家图书馆（约6000卷）和圣彼得堡的俄罗斯科学院东方文献研究所（约18000卷）收藏最多，因此，北京、巴黎、伦敦和圣彼得堡，就被称为敦煌文献的四大收藏中心。

正是由于敦煌文献分散收藏在世界各地，各国博物馆、图书馆的工作人员就要对其进行登记、整理、研究，从而在世界许多国家，都就有了敦煌学的研究。

第三，研究的国际性。由于敦煌本身的国际性，就使得各国的学者都要从主观上关注它、研究它，而文献收藏的国际性，又在客观上促使了对其整理、研究和国际交流。因此，世界上许多国家，尤其是收藏敦煌文献的国家，都有专门的研究机构和研究人员，都曾举办过敦煌学方面的国际会议，都有许多敦煌学方面的论著。就其研究的主旨来看，中国学者在传统的四部书，尤其是历史、文学以及得天独厚的石窟研究方面成就卓著；日本学者则在宗教方面独树一帜；欧美学者、尤其是法国学者在民族语言、历史研究方面建树较多。

第四，国际合作的典范。由于敦煌文献所涉及的范围广泛，文字又多，而且许多还是死文字（即现在已经消失、不再使用的文字），因此，许多方面都需要各国学者通力协作、联合攻关，如已经出版的《英藏敦煌文献》《俄藏敦煌文献》《法藏敦煌西域文献》等，就是国际合作的典范。可以说，还没有哪一门学科，像敦煌学一样迫切需要国际合作，也没有哪一门学科像敦煌学一样有着如此广泛、密切的国际合作。

国际敦煌项目（IDP）就是国际敦煌学界合作的结晶，1993 年，中国国家图书馆、英国国家图书馆等收藏机构倡议成立国际敦煌项目。1994 年，英国国家图书馆设立了专门的机构——国际敦煌项目（IDP），现在它已经成为英国国家图书馆的一个重要的部门。国际敦煌项目的成立，为世界敦煌文献收藏机构搭建了一个合作交流的平台，各收藏机构共商解决保护、编目的问题，并已召开了几次国际学术会议，如 1997 年在伦敦召开的“二十世纪初叶的敦煌写本伪卷”学术研讨会就是由该项目举办的。同时，各收藏机构还倡议共同建立一个完整的网上数据库，将目录资料与高质量的数字化图像相链接，并附有其他相关资料，使各国学者能充分利用世界各国的收藏品。经过数年的努力，网上数据库已于 2002 年正式开通，研究者可以利用网络查找有关的敦煌文献和研究成果。

2003 年成立的“敦煌学国际联络委员会”，是适应新时期敦煌学研究的发展而组建的。刚成立的时候共有干事 8 人，即中国 4 人、英国 1 人、法国 1 人、日本 2 人；2004 年又增加了俄罗斯 1 人；2005 年又增加了美国 1 人、德国 1 人、哈萨克斯坦 1 人；2015 年又增加了中国3人、日本1人、英国1人、美国1人，目前共有8个国家的18位学者担任联络委员会的干事。由此可见，它是一个真正国际性的联络机构。

“敦煌学国际联络委员会”成立后，已开展了一些卓有成效的工作，如编辑《敦煌学国际联络委员会通讯》，主持了2005年俄罗斯所藏敦煌吐鲁番文物的考察；2006年9月，在南京举办了“转型期的敦煌学：继承与发展”国际学术研讨会。

平山郁夫的敦煌情结

平山郁夫（1930—2009），日本著名画家。1930年6月生于日本广岛。1952年，毕业于东京美术学校日本画科。1984年任日中文化交流协会副会长。1992年任日中友好协会会长。创作、出版有《敦煌鸣沙》《敦煌三危》《平山郁夫画集：从西到东》《丝绸之路素描集》《敦煌——历史之旅》等作品。

平山郁夫（1930—2009）

1945年，时为初中生的平山郁夫，经历了广岛原子弹爆炸这场人类的劫难，并给他留下了毕生的痛苦回忆，使他无法摆脱人生的虚无感和地狱般的记忆，也因此患上了原爆后遗症。他是一位九死一生的幸存者，从此以后，他一直从事反映渴望和平的绘画创作。从中国改革开放的20世纪80年代初期开始，他曾前后10多次来到日本文化源泉的佛教传播地——敦煌莫高窟，进行考察研究、写生和讲学。

与佛教的结缘，使平山郁夫的画风大变。平山郁夫以佛教、释迦牟尼传记、佛画、佛教遗迹等为题材作画，创作出了诸如《佛教传来》《大楼炭经转轮王品图》《入涅槃幻想》《受胎灵梦》《建立金刚心图》等画作。自喻如那些翻山越岭、穿过沙漠、用自己的生命来传播佛教的人们，使自己从中得到拯救。这时候，一位中国古代的高僧——玄奘，引起了他的注意：在古代交通不怎么发达的情况下，是什么精神力量驱使这位高僧不畏艰险酷暑，寂寞孤独，西去求法？他思考的结果是佛教，是一种具有巨大感召力的精神文化。

除了以佛教题材创作之外，平山的画大多以玄奘的旅途和丝绸之路为题材。1980 年，日本奈良药师寺管主筹资兴建玄奘三藏院。时值 50 岁的平山决心自费绘制表现玄奘"西天取经"的《大唐西域壁画》，以奉纳在玄奘三藏院内，从而完成自己的夙愿——将玄奘三藏走过的神圣之路展示在世人面前。平山郁夫创作的巨幅《大唐西域壁画》，高 2.16 米，长 40 米，有 7 个部分，13 个画面。它们分别是：朝阳，晨雾中的长安大雁塔，途经嘉峪关，新疆高昌故城，西方净土须弥山，阿富汗巴米扬石窟，印度德干高原的黄昏，月夜下的印度那烂陀。这 7 幅画的画面构成了一日从早到晚的图景。同时，平山还在为展示壁画而修建的殿堂顶部画了一幅 25 米长的《丝绸之路蓝色天空》。《大唐西域壁画》是平山郁夫先生一生艺术生涯的结晶，他为这幅壁画构思了近 40 年，创作了 20 年。为获取创作素材，他多次来到中国，踏察丝绸之路 70 多次，行程 80 多万千米，总共作画 6000 多幅。每当遇到什么阻力和困难时，他始终把玄奘当作自己崇敬的榜样。他说玄奘三藏取经 17 年，吃的苦遇的险比自己要多得多。在丝绸之路上，每到一地他都要细细体会:“玄奘是否在此休息过”，“玄奘会有什么感受？”如果说 1959 年平山郁夫以《佛教传来》在日本美术界崭露头角，那么其后相继创作的《入涅槃幻想》《大唐西域壁画》等画作，则使他成为日本最顶尖的画家。

平山郁夫的中国之旅始于 1975 年 6 月。此后，他数次来到中国。1976 年，楼兰遗址掘出女尸，平山郁夫以之为题材，画出《鄯善国妃子》(楼兰公主)。1977 年平山郁夫成为 1949 年后首批获准访问西藏地区的日本人。1978 年，平山郁夫飞往新疆，看到了向往已久的天山、高昌国故址、交河故城、汉代都护府的所在地库车、苏巴什拉、和田等地。1986 年 9 月 15 日平山郁夫抵达他向往的楼兰。而敦煌更是让平山郁夫心驰神往，魂牵梦系:敦煌是日本的艺术之根。

出于对敦煌的热爱，平山郁夫积极推动日本各界参与对敦煌的文物保护。1982 年和 1983 年，作为“东京艺术大学敦煌壁画调查团”团长的平山郁夫多次来到敦煌。1988 年 9 月 12 日，段文杰院长向平山郁夫教授颁发中国敦煌研究院名誉研究员证书，此后，他又获联合国教育科学文化机构任命，成为亲善大使，这些荣誉，更加使他意识到对人类文化遗产的责任。1988 年 1 月，平山郁夫在日本发起建立了“文化财保护振兴财团”倡议，召开发起大会，为保护敦煌遗产展开了募捐筹款活动，同年 5 月，日本经济新闻社联同“文化财保护振兴财团”设立事务所，在东京日本桥三越百货店举办了“平山郁夫素描新作展”，开展了“共同努力保护敦煌遗迹”的活动，为作示范，他率先捐献了卖画所得的两亿日元。1988 年 8 月，平山郁夫陪同竹下登首相访问中国并担任敦煌之行的向导，在他一系列卓有成效的努力下，为敦煌筹集了近10亿日元资金，这为敦煌研究院后来建立“敦煌石窟保护研究陈列中心”起了举足轻重的作用。1988年，平山郁夫又将个人画展所得的收入2亿日元作为“敦煌研究学术基金”捐赠给敦煌研究院，使敦煌学研究和敦煌石窟保护有了专项经费。在此基础上，敦煌研究院又筹建成立了“中国敦煌石窟保护研究基金会”，其经费来源主要是以民间募集的方式，争取社会各界力量、国际友人和团体的资助。平山郁夫把对保护人类敦煌的深厚感情也扩展到中国以外的国家，在英国国家博物馆，有专辟的“平山郁夫敦煌文物修复室”，除了英国国家博物馆，还有美国的博物馆、法国的博物馆，凡有敦煌文物的外国国立博物馆都有他的敦煌文物修复室以及修复敦煌文物项目。作为一名虔诚的东方艺术朝圣者，平山郁夫认为:“作为一个艺术家，谁都愿意为敦煌做些事情，有的人成功了，有的只是没有成功。因为我得到很多人的帮助和支持，所以就成功了。敦煌壁画放在英国国家博物馆就是西欧文化和亚洲文化很好的对比，我作为亚洲的一员，当然就愿意做这个工作。”

平山郁夫在积极推动保护敦煌遗产的同时，还倾注全力资助敦煌学研究和人才的培养。1986年他在中央工艺美术学院设立“平山郁夫奖学金”，接受中央美术学院、中央工艺美术学院的聘请，担任客座教授。1989年，平山郁夫担任东京艺术大学校长，在学校设立了“敦煌研究基金”，促成中日两国互派研究生交流学习。1990年捐赠100万美元设立联合国教科文组织“丝绸之路基金”，资助敦煌学研究。

正是因为有了如平山郁夫这样热爱、了解中国文化、宣传保护敦

平山郁夫参观段文杰先生敦煌艺术研究60年成就展

煌的有识之士的积极努力，使远在异域的日本民众也对敦煌产生了深情的向往。来到敦煌莫高窟的游客，细心的观众会发现这里挂有一个日本姑娘的画像，这是为什么呢？原来这位叫越智佳织的大学生生前向往敦煌，但是后来不幸死于车祸，她的母亲把准备给她到中国留学的200万日元捐给了敦煌研究院。据了解，每年到敦煌旅游的外国游客中，日本人就占到了一大半。日本前首相海部俊树说，不到敦煌，就算不得一个有文化的日本人。长期关心敦煌保护的日本友人平山郁夫说："作为一个画家，我孜孜以求的是日本美的源流。可是，这种源流在什么地方呢？那就是遥远的敦煌。"平山郁夫曾要求他任校长的东京艺术大学的学生，每年至少去敦煌一次，亲自看看日本文化的原典，否则不能毕业。

平山郁夫对敦煌的热爱和投入，也得到了中国政府和人民的认可和嘉奖。在 2000 年 7 月 29 日敦煌九层楼前的广场上举行的“纪念敦煌藏经洞文物发现暨敦煌学百年”活动中，平山郁夫以其杰出的贡献与常书鸿、段文杰、邵逸夫、季羡林、饶宗颐（香港）、潘重规（台北）同时获得了由国家文物局、甘肃省人民政府颁授的“敦煌文物保护研究特殊贡献奖”。2002 年 9 月 27 日又荣获了中国政府颁发的“文化交流贡献奖”。

曾经有记者问他：“有人说，世界上最爱敦煌的人，除了张大千、于右任、常书鸿，还有就是您。您对敦煌艺术的修复、保护所贡献的心力和资金已被刻写在敦煌的碑林中，您对敦煌情感的源头是什么？”

平山郁夫在段文杰先生敦煌文物与艺术保护研究 60 年座谈会上

平山郁夫深情地回答说："我在孩提时代，从历史书中知道敦煌，知道敦煌的意义所在。我亲身访问敦煌是在1979年。我觉得通过敦煌的壁画不仅可以看到日本文化的传承，还可以了解东亚文化的共性。在敦煌石窟，从4世纪开始一直到14世纪，1000年的壁画，奇迹般留在敦煌，这是一个世界的奇迹。我作为日本的艺术家，作为一个日本民族的成员，对过去的中国给予日本的恩惠铭记在心，如果我们有条件的话就应该报答一下，现在中国强大了，但20年、30年以前，中国确实是没有精力也没有条件去保护敦煌。当时在敦煌从事研究的第一线的人就很着急，如果这样下去的话，敦煌就眼看被湮灭了，他

平山郁夫（左二）、樊锦诗（左一）等在段文杰先生临摹的《都督夫人出行图》前留影

们很痛苦，所以我当时的心情同样很着急，我有条件的话就很愿意贡献自己的一点微力。我就是这么一个心情，多年来我就是以这个心情一直从事保护敦煌的事业。”

为什么平山先生会对敦煌如此关注，并给予许多实际的帮助呢?这是因为平山郁夫教授认为:敦煌艺术是人类珍贵的文化遗产，日本文化受敦煌艺术的影响很大;隋唐以来日本引进了中国文化，才使日本文化得以发展。今天日本的经济和文化发展起来了，就应该为保护敦煌文物贡献力量。

敦煌石窟保护研究特别贡献奖

2000 年 7 月—8 月，为纪念敦煌藏经洞发现暨敦煌学百年，敦煌研究院在莫高窟举办了“2000 年敦煌学国际学术讨论会”。会议期间的 7 月 31 日晚上，在莫高窟九层楼广场，国家文物局和甘肃省人民政府举行了隆重的颁奖仪式，对半个世纪以来在敦煌文物保护研究中作出特殊贡献的 7 位个人和 3 家机构给予表彰，并授予“敦煌文物保护研究特殊贡献奖”。国家文物局和甘肃省人民政府的表彰决定说:

> 敦煌莫高窟是中华民族优秀的历史文化遗产，作为我国首批公布和列为世界文化遗产名录的全国重点文物保护单位之一，得到了各级政府和社会各界的一贯关心和保护。特别是我国学者在极其艰苦的条件下，克服困难，在从事敦煌文化遗产的研究和保护中，做了大量卓有成效的工作，为中国人文社会科学的繁荣发展和敦煌学的创立作出了杰出贡献。

一些国际友人和文物保护研究机构，投入人力、物力和先进技术，给予了热情支持。经过文物工作者的辛勤努力，使莫高窟成为世界上现存规模最大、保存最完整、保护最好的石窟寺。为了鼓励和弘扬保护优秀文化遗产的奉献精神，在纪念敦煌藏经洞文物发现暨敦煌学百年活动中，国家文物局、甘肃省人民政府决定对曾经在敦煌文物保护和研究中作出贡献的常书鸿（已故）、段文杰、季羡林、饶宗颐、邵逸夫、潘重规、平山郁夫（日本）和中国敦煌研究院、日本东京国立文化财研究所、美国盖蒂基金会予以表彰，并授予“敦煌文物保护研究特殊贡献奖”。

在受表彰的个人和机构中，常书鸿、段文杰先生，在大漠戈壁中默默地奉献，几十年如一日，在极其艰苦的条件下，从事敦煌石窟艺术的临摹、研究工作，开创并推动了敦煌文物的保护事业，他们将自己的一生都献给了敦煌，被誉为“敦煌的守护神”。季羡林先生不仅以深厚的学养致力于敦煌学研究，而且还以崇高的学术声望积极培养、扶持中青年敦煌学者。潘重规和饶宗颐先生是台港地区敦煌学的开创者，他们不仅个人成就卓著，而且还创办刊物、培养人才，推动了台港地区敦煌学的发展。香港爱国人士邵逸夫先生是享有国际声望的实业家，1984 年，他向敦煌研究院捐献港币 1000 万元。敦煌研究院利用这笔捐款，为莫高窟、榆林窟、西千佛洞的 560 余个洞窟安装了铝合金门，为莫高窟的 100 余个洞窟安装了用于保护壁画的玻璃屏风。日本著名画家、社会活动家、联合国教科文组织亚洲大使平山郁夫先

李承仙代表常书鸿接受敦煌文物保护研究
特殊贡献奖（摄影 / 孙志军）

郑阿财代表潘重规接受敦煌文物保护研究
特殊贡献奖（摄影 / 孙志军）

段文杰接受敦煌文物保护研究
特殊贡献奖（摄影 / 孙志军）

生，非常热爱敦煌艺术，曾创作了多幅以丝绸之路、敦煌为题材的美术作品；在东京艺术大学担任教授、校长期间，积极倡导绘画专业学生以观察、学习敦煌艺术为必修课；他将举办个人画展所筹集的 2 亿日元捐赠敦煌研究院，成为敦煌研究院的保护研究基金；他代表日本文化财保护振兴财团捐赠高精度的保护仪器，极大地推动了敦煌研究院的保护研究事业。

敦煌研究院是目前全世界最大的敦煌文物保护研究专业实体，经

饶宗颐接受敦煌文物保护研究特殊贡献奖（摄影 / 孙志军）

樊锦诗代表敦煌研究院接受敦煌文物保护研究特殊贡献奖（摄影 / 孙志军）

柴剑虹教授给季羡林先生转交敦煌文物保护研究特殊贡献奖证书

过以常书鸿、段文杰、樊锦诗为代表的三四代人艰苦奋斗，在敦煌文物的保护、研究、弘扬方面作出了举世瞩目的成绩。日本东京国立文化财研究所和美国盖蒂保护研究所，自1988年以来，就和敦煌研究院合作进行敦煌石窟的科学保护研究，在科学仪器、先进技术、人才培养和科学管理等方面，给敦煌研究院的保护工作给予了极大的帮助，为敦煌石窟的保护做出了重要贡献。

“敦煌文物保护研究特殊贡献奖”的奖牌用铝合金材料制成，整体设计古朴典雅、庄重大方，其图案取材于唐画像砖。它是1944年西北科学考察团夏鼐、向达、阎文儒等先生在敦煌佛爷庙唐墓考古发掘时发现的，画面有一胡人牵着骆驼。被称为“沙漠之舟”的骆驼，是古代东西方经济文化交流的主要交通工具，选用胡人拉驼的画像砖，既表示敦煌是古代丝绸之路的重镇，东西方文化交流的枢纽，寓意敦煌和丝绸之路有着密切关系。同时还以骆驼吃苦耐劳、忠实可靠、乐于奉献的精神品质，寓意受奖者执着追求、无私奉献的高尚品德。

世界文化遗产——敦煌莫高窟

敦煌位于甘肃省河西走廊的西端，它地处青藏高原北部边缘地带，是一个高山和沙漠、戈壁环绕的小绿洲。

敦煌有着灿烂悠久的历史，它是汉初张骞出使西域后带来的名称。在汉武帝派遣张骞出使西域的前后，还派霍去病率兵攻打河西的匈奴。打败匈奴后，汉王朝还“列四郡，据两关”，即建立了武威、张掖、酒泉、敦煌四郡，并在敦煌郡城的西面，设置了玉门关和阳关，作为扼守西域进入河西、中原的门户。

由于敦煌南枕祁连，西控西域，是汉王朝西边的重镇，也是中西交通、贸易南北两道上的分合点，遂成为东西方文明交汇的枢纽。它既是东来僧侣、使节、商人步入中原的最初落脚点，也是西去僧侣、使臣和商人告别故国的地方。当时，凡罢都护，废屯田之时，汉政府派人迎接吏士，“出敦煌，迎入塞”就算完成了使命。对当时的旅行者来说，“西出阳关”就意味着凄凉的离别，“生还玉门”就象征着幸福的重聚。

丝绸之路不论有几条道路，也不论其走向怎么样变化，敦煌都是其唯一不变的吐纳口，即史籍所称“咽喉之地”。通往西方的丝绸之路，都是“发自敦煌”，然后经伊吾、高昌、鄯善而达中亚、欧洲。世

莫高窟的标志——九层楼

界上四大文化体系曾在这里留下了灿烂的篇章和深厚的历史沉淀，正如季羡林教授所说："在人类绚丽多彩，异彩纷呈的历史创造中，有四种文化范围最广，自成体系，光芒四射。它们是希腊文化、伊斯兰文化、印度文化和中国文化。而这四个文化体系汇流的地方只有一个，就是中国的敦煌和新疆地区，再没有第二个。"

敦煌莫高窟是一处集建筑、绘画、雕塑三者于一身的世界艺术殿堂，是世界上现存规模最为宏大、保存最为完好的佛教艺术宝库，被誉为"东方艺术明珠"。1961 年，莫高窟被国务院列为全国重点文物保护单位，1987 年，联合国教科文组织公布敦煌莫高窟为世界人类文化遗产保护单位，1991 年被联合国教科文组织授予"世界文化遗产"证书。

敦煌除了举世闻名莫高窟之外，现存有的石窟寺庙遗址、古墓葬群、汉长城、关隘、古城、烽燧、古驿站等文物景点和独特的自然风光同样引人入胜、流连忘返。作为莫高窟的姊妹窟榆林窟，俗称"万佛峡"，位于瓜州（原安西）县城西南 75 千米的榆林河（亦名踏实河）畔，现存唐、五代、宋、西夏、元等朝代洞窟 42 个。虽没有莫高窟那样闻名世界，但因其自身特色也别具神韵。特别是五代以后，莫高窟艺术呈明显的衰落趋势，而榆林窟无论从内容、绘画风格，还是艺术水准方面，都显示出其时代特征和独到的艺术魅力。1961 年，榆林窟被国务院列为第一批全国重点文物保护单位，后划归敦煌文物研究所管辖。

敦煌莫高窟不仅因其蕴涵丰富的壁画、雕塑而享誉全球，而且还因"藏经洞"的发现而蜚声海内外。

聯合國教育科學文化組織
世界文化和自然遺產保護公約
莫高窟
世界遺產委員會已將莫高窟
列入世界遺產清單凡被列入此
清單的文化和自然遺址均證明
其具有特殊的和全球性的價值
為了全人類的利益需加以保護
列入日期1987年12月11日
聯合國教育科學文化組織 總幹事
費德里科 馬約爾

世界文化遗产——莫高窟

1900年发现的藏经洞（莫高窟第17洞）遗书，与其前后出土的殷墟甲骨文、汉晋木简、明清档案被并称为二十世纪中国学术文化的“四大发现”。敦煌文书共有六万多件。大部分是汉文写本，少量为刻印本，汉文写本中佛教经典占90%以上。除汉文外，还有古藏文、梵文、回鹘文、于阗文、龟兹文等多种少数民族文字。敦煌文书的发现是研究中国与中亚历史、地理、宗教、经济、政治、民族、文学、艺术、科技等的重要资料，因此敦煌遗书被称为中国中古时代的“百科全书”“学术的海洋”。藏经洞的发现让全世界为之震惊，引起国内外学者们的极大兴趣和广泛研究，因此而形成了“因地名学”的国际性显学——敦煌学，成为“一代学术之新潮流”。

敦煌石窟保护研究陈列中心外景（摄影/张先堂）

敦煌石窟保护研究陈列中心内景一角（摄影 / 张先堂）

道士塔

除文书外，藏经洞还有上千件的绢画、版画、刺绣和大量书法作品。

敦煌遗书发现后，绝大部分都流散到了世界各地，主要的收藏地有北京、巴黎、伦敦和圣彼得堡。

莫高窟绵延千年的文化及藏经洞的无价之宝，是我们为之骄傲的文化遗产，但同时也是我们民族的一段伤心历史。

莫高窟北区考古新发现

20 世纪末，在敦煌莫高窟又有了新的发现，即莫高窟北区的考古发掘，在北区新发现了 243 个洞窟，使敦煌莫高窟有编号记录的洞窟由原来的 492 个增至 735 个。在此次发掘过程中，还出土了大量珍贵遗物，包括首次在敦煌地区发现的波斯银币和大批罕见的西夏文文献。另外还有回鹘文、藏文、梵文、婆罗谜文、回鹘蒙文、八思巴文、叙

莫高窟北区石窟远景（摄影 / 孙志军）

利亚文的文书，其中回鹘蒙文、八思巴文、叙利亚文文书都为敦煌地区首次发现，敦煌莫高窟再次引起世界的注目。

敦煌莫高窟是一座集壁画、雕塑、建筑于一体的石窟，保存至今的石窟崖面还有1700多米。这1700余米的石窟崖面，按照莫高窟石窟的分布情况被划分为南北两区。以原敦煌文物研究所编号的第1窟为界，第1窟及其以南为南区，第1窟以北为北区。我们以前所说及参观的莫高窟实际上只是南区，南区崖面长1000余米，保存着已公布（包括《敦煌莫高窟内容总录》刊布）莫高窟492个洞窟中的487个。北区的崖面长700多米，也有洞窟数百个，其中只有5个石窟编了号，即第461、462、463、464、465号窟。北区的这5个窟与南区的487个窟就构成了一般出版物和参观解说中所说的莫高窟492个窟。而北区的其他洞窟因大多都没有壁画或塑像，似乎没有多大价值，所以很少被人提及。敦煌文物研究所既未进行编号，也没有对其记录，因此在有关敦煌的出版物中，除了前述第461—465号窟外，北区的绝大多数洞窟也就很少有人提及，几乎被遗忘了。

鸣沙山上的莫高窟，与三危山遥遥相望。大泉河在流经鸣沙、三危两山时，由于受地形的影响，在莫高窟前形成了宽窄不一的河床，南区的河床约宽50米至60米，北区的河床约宽60米至100米。另外，由于地面和河流、河床等各种因素，使南区和北区的窟前也不相同，南区有高出现河床1米至4米、宽30米至200米的一、二级阶地，这样就有效地保护了南区的下层洞窟，未能使洪水冲刷破坏。但同样位于大泉河左岸的北区就没有这样幸运了，因为没有阶地，长期以来，大泉河的河水就一直冲刷着洞窟所在的崖壁，直到20世纪80

莫高窟北区石窟（局部）

年代初修建北区防洪大堤为止。

北区崖面除个别地段由于地质原因没有开凿洞窟外，其它地段都有石窟。北区洞窟的分布情况也和南区差不多，即彼此上下相接，左右毗邻，状如蜂巢。最密集处崖面的洞窟上下可达五层或六层。但是千百年来，由于自然和人为的破坏，莫高窟北区崖面的状况及石窟内部，已遭受了巨大的破坏。自然因素主要是大泉河水的泛滥、骤降的暴雨以及突发的地震，而洪水和暴雨对崖壁的冲刷，是造成北区洞窟崩塌的根本原因。人为的因素则主要是外国探险家和国人的乱挖乱掘。

莫高窟的北区石窟，早在新中国成立前的 20 世纪 40 年代，即敦煌艺术研究所时期，史岩先生曾将分布在鸣沙山长达 1700 余米崖面的石窟，由南到北划为 11 段，其中 1 至 8 段在南区，9 至 11 段在北区。在 70 年代的敦煌文物研究所时期，为了保护北区高层石窟免遭游人的破坏，对从底层洞窟顶部通往高层洞窟的 8 个供上下用的过道洞进行了封堵，从而使高层洞窟内的壁画和文物得以较好地保存。到了 80 年代的敦煌研究院时期，在北区石窟前 20 米至 30 米处，修建了长数百米、高 1.5 米至 1.8 米、顶宽 4 米的防洪大堤和高 1.9 米的金属防护栏，同时还沿防洪大堤内侧进行绿化，这样就对北区崖面进行了有效的保护。

虽然在 20 世纪 80 年代以前，敦煌研究院及其前身的各个时期都曾对莫高窟的北区石窟有所关注，但从未进行过科学的考古发掘。因

东北到西南方向的北区石窟

此。北区石窟的崖面上到底有多少洞窟？其石窟形制有何特征？这些石窟的用途是什么？在整个莫高窟石窟群中，北区洞窟的地位如何？又属于什么时代？这许多问题都是学术界所关注并迫切需要给予解答的。

正是为了揭开莫高窟北区石窟之谜，经报请上级主管部门批准，敦煌研究院石窟考古研究所的专业人员，在彭金章研究员的主持下，从 1988 年 6 月下旬开始，到 1995 年 11 月底，用了 7 年多的时间，对莫高窟北区进行了 6 次发掘。

经过发掘，在北区崖面共发现洞窟 243 个，再加上以前已经编号的 5 个窟，即第 461—465 窟，北区崖面共有洞窟 248 个。在发掘完毕后，还仿照南区的编号方式，对北区石窟新发现的 243 个洞窟进行了编号。其编号是依据洞窟在崖面的高低，统一由南到北，再由北向南，由下而上呈“S”形往复编号。

莫高窟北区石窟考古发掘结束后，由彭金章、王建军先生主持编写了发掘报告——《敦煌莫高窟北区石窟》。考古报告共分三卷，其中第一卷包括 B1 至 B94 窟，共计 94 个洞窟，由文物出版社于 2000 年出版；第二卷包括 B95 至 B156 窟以及第 462 窟、第 465 窟，共计 64 个洞窟；第三卷包括 B157 窟至 B243 窟以及第 461 窟、第 463 窟、第 464 窟，共计 90 个洞窟。第二卷、第三卷由文物出版社于 2004 年出版。

《敦煌莫高窟北区石窟》的编写原则是：不论是石窟形制、内部结构，还是发掘的遗迹、出土的遗物，都务求详尽，以便为学术界提供完整的研究资料。每个窟基本上都由位置、发掘、形制、出土遗物、时代和性质几部分组成，有的窟更详细，如第一卷所载 B47 窟中，除

工作中的彭金章

《敦煌莫高窟北区石窟》

以上各部分外，还刊布了该窟出土的汉文文书22件、西夏文残片2件、回鹘文文书1件以及织物、瓷器、剪纸等。

据唐代石碑记载，莫高窟共有窟龛千余。北区考古新发现洞窟243个，如果再加上原编号的492个，总数就有735个了，这与唐代石碑的记载就比较接近了。

以前普遍认为，北区都是画工窟或塑匠窟，是画工、塑匠在开凿石窟时的生活窟。本次考古发现，北区石窟全为僧人所用，是僧众生活、修禅、死后瘗埋的地方，而与画工、塑匠无关，画工、塑匠也没有在这里生活过。

北区的石窟，根据性质共分为6类：第一类，禅窟。里面既无灶、无烟道，又无用火痕迹，是僧人修禅专用的，共有82个窟。第二类，僧房窟。里面有炕、有灶、有烟道、有灯龛，相对宽敞，是僧人日常生活所用，共有50个窟。第三类，僧房窟附设禅窟。这类窟同时具备生活、修禅两种功能，一般情况是一个室内有炕、有灶、有用火的痕迹，另外一个室内却无灶也无用火痕迹，但却有禅床，这类石窟共有5个。第四类，瘗窟。是埋葬僧人骨灰、遗骨、遗体用的，共有25个窟。第五类，廪窟。是用来储藏物品的。这类窟面积较小，有土坯砌成的储藏槽，共发现2个。第六类，礼佛窟。里面有壁画或塑像，是僧俗举行佛事活动用的，这次发现2个这类窟洞。以上六类石窟共计166个，另外还有72个窟因为塌毁而无法判断，有3个窟因未开凿完毕而没有派上用场，还有2个石窟的性质目前还没有确定。

北区石窟按六类性质的划分，破解了困扰学术界多年的历史之谜：北区石窟是莫高窟的重要组成部分，与南区石窟构成了统一的整体。

东南到西北方向的北区石窟

作者与彭金章先生在莫高窟北区 464 窟(摄于 2015 年 8 月)

莫高窟北区考古，出土的文物也很丰富:铁器、铜器、木器、陶器、瓷器等，都与日常生活和佛事活动有关;棉、麻、毛、丝织品、绣品等纺织品花样多;汉文、藏文、梵文、西夏文、回鹘文、叙利亚文、八思巴文等文献则异彩纷呈，其中有些是国内外仅存的，有些是在当地首次发现的。西夏文《碎金》《地藏菩萨本愿经》等都是孤本，汉文的《排字韵五》是久已失传的古佚本。28 枚西夏铁币的出土，则是甘肃河西地区的一次大丰收。48 枚回鹘文木活字重见天日，丰富了我们对少数民族活字印刷的认识，1 枚波斯萨珊朝卑路斯王时期铸造的银币，成了中西文化交流的重要物证，填补了当地的一项空白。所有这些发现，对全面了解莫高窟开凿的历史，促进敦煌学的发展都有着非常重要的价值。

参考资料

[1]刘诗平、孟宪实《敦煌百年——一个民族的心灵历程》，广州:广东教育出版社，2000年。

[2]敦煌研究院编《敦煌图史》，上海:上海古籍出版社，2000年。

[3]荣新江《敦煌学十八讲》，北京:北京大学出版社，2001年。

[4]王重民《敦煌遗书论文集》，北京:中华书局，1984年。

[5]向达《唐代长安与西域文明》，北京:三联书店，1987年。

[6]王子云《从长安到雅典——中外美术考古游记》，长沙:岳麓书社，2005年。

[7]潘重规《列宁格勒十日记》，台北:台湾东大图书公司，1993年。

[8]李伟国《敦煌话语》，上海:上海科技教育出版社，2002年。

[9]彭金章、王建军《敦煌莫高窟北区石窟》第一至三卷，北京:文物出版社，2000年至2004年出版。

[10]平山郁夫《平山郁夫全集》，石家庄:河北教育出版社，2002年。

[11]《中国大百科全书·音乐舞蹈》，北京:中国大百科全书出版社，

1989年。

[12]荣新江《惊沙憾大漠——向达的敦煌考察及其学术意义》，载《敦煌吐鲁番研究》第七卷，北京:中华书局，2004年。

[13]孟宪实《伯希和、罗振玉与敦煌学之初始》，载《敦煌吐鲁番研究》第七卷。

[14]《向达敦煌通信》，载《文教资料简报》1980年第11~12期合刊。

[15]张弓《泪眼亲瞻怜落寞　暂接倩影慰故园——关于〈英藏敦煌文献〉的回忆》，载中国社会科学院历史研究所编《求真务实五十载——历史研究所同仁述往》，北京:中国社会科学出版社，2004年。

[16]宋家钰《〈英藏敦煌文献〉编辑、出版始末》，载《求真务实五十载——历史研究所同仁述往》。

[17]《莫高窟北区洞窟神秘面纱被揭开》，《光明日报》2006年8月25日第1版。

[18]尚林《中英两国交换馆藏敦煌遗书胶卷追述》，载《敦煌研究》1991年第2期。

[19]资中筠《袁同礼——中国现代图书馆的先驱》，载资中筠《读书人的出世与入世》，北京:中国社会科学出版社，2002年。

[20]府宪展《〈敦煌吐鲁番文献集成〉十四年——以编辑体例和方法为中心》，载国家图书馆善本特藏部敦煌吐鲁番学资料研究中心编《敦煌学国际研讨会论文集》，北京:北京图书馆出版社，2005年。

[21]叶文玲《平山郁夫的“敦煌情结”》，载《环球采风》2003年4期。

[22]舞剧《大梦敦煌》，《中国青年报》2000年4月19日。

[23]《大梦敦煌》体现时代变迁，《北京青年报》2005年1月17日。

[24]《大梦敦煌》同《丝路花雨》没有“血缘”，《北京娱乐信报》2005年1月17日。

[25]舞剧《大梦敦煌》不同色彩——飞冲天反传统，《京华时报》2005年1月10日。